Q&A
介護職種の技能実習生受入れの手引

編　集　公益社団法人 日本介護福祉士会
　　　　技能実習生の適正受入等推進研究会

新日本法規

は し が き

　平成29年11月に技能実習制度に介護職種が追加されました。

　技能実習制度に介護職種が追加されることについては、種々議論がありますが、介護分野の技能実習生が、我が国で適切に介護の技能を修得し、母国で、その技能を活かす道筋を示す必要があると考えられています。なぜなら、介護技能の適切な移転は、国際貢献であるだけでなく、我が国の介護職の社会的評価の向上や、我が国の介護サービスの質の向上にもつながるからです。

　逆をいえば、我が国の介護技能の移転が適切に図られず、また、技能実習生を受け入れることで、提供される介護サービスの質が低下するような事態に陥ることは、我が国が国際的な信頼を失うだけでなく、国民の介護への信頼を失うことにつながります。

　他方で、介護人材不足の中で、技能実習生を受け入れることは介護現場の職員に、更なる負担を課すことになることは明らかです。施設・事業所の方は、技能実習生の受入れに際しては、これらのことを十分に踏まえる必要があります。

　技能実習生に介護の技能を適切に修得してもらうことは簡単なことではありません。ただ、外国人介護人材を受け入れた先行事例であるEPA介護福祉士候補者の受入施設からは「自ら実践している介護を振り返るきっかけになった」「正しい介護が実践できていなければ、伝えることもできないことに気付いた」「できる限り分かりやすくする工夫は、日頃の介護サービスの提供体制を見直すきっかけになった」などの意見があり、実際に、提供する介護サービスの質が向上したという事例が報告されています。

　本書は、外国人の技能実習の適正な実施及び技能実習生の保護に関する法律（技能実習法）の概要に触れつつ、介護職種の技能実習生を

受け入れるために必要な事項をより適正な受入れという視点を入れながらＱ＆Ａで分かりやすく解説したものです。なお、技能実習生の受入れには「団体監理型」と「企業単独型」の2形態がありますが、介護職種は「団体監理型」で入国する技能実習生が多いことが想定されるため、本書では主に「団体監理型」について説明しています。

　介護職種の技能実習生の受入れを検討される際に、是非ご活用ください。

　平成30年5月
　　　　　公益社団法人　日本介護福祉士会
　　　　　　技能実習生の適正受入等推進研究会

略　語　表

　根拠となる法令等の略記例及び略語は次のとおりです（〔　〕は本文中の略語を示します。）。

　外国人の技能実習の適正な実施及び技能実習生の保護に関する法律施行規則第12条第1項第2号＝規則12①二

　平成29年9月29日社援基発0929第1号
　＝平29・9・29社援基発0929第1

法〔技能実習法〕	外国人の技能実習の適正な実施及び技能実習生の保護に関する法律
規則〔技能実習法施行規則〕	外国人の技能実習の適正な実施及び技能実習生の保護に関する法律施行規則
告示〔介護職種告示〕	介護職種について外国人の技能実習の適正な実施及び技能実習生の保護に関する法律施行規則に規定する特定の職種及び作業に特有の事情に鑑みて事業所管大臣が定める基準等
入管〔入管法〕	出入国管理及び難民認定法
労安	労働安全衛生法
労基	労働基準法
解釈通知〔介護職種解釈通知〕	「介護職種について外国人の技能実習の適正な実施及び技能実習生の保護に関する法律施行規則に規定する特定の職種及び作業に特有の事情に鑑みて事業所管大臣が定める基準等」について
運用要領	技能実習制度運用要領
介護職種運用要領	特定の職種及び作業に係る技能実習制度運用要領—介護職種の基準について—

目　次

第1章　技能実習制度の概要

ページ

[１]　技能実習制度の目的 ……………………………………………… 3

[２]　技能実習法の概要 ………………………………………………… 5

[３]　技能実習制度の対象職種に介護職種が追加された経緯 ……… 7

[４]　技能実習制度の対象職種に介護職種を追加することの
　　　懸念への対応事項 ………………………………………………… 9

[５]　技能実習制度の対象職種に介護職種を追加することの
　　　懸念への具体的な対応 ………………………………………… 11

[６]　技能実習生以外の外国人介護人材 ………………………… 13

第2章　技能実習生の受入れの検討

[７]　技能実習制度（介護職種）全体の流れ ……………………… 21

[８]　実習開始に当たり必要な手続 ………………………………… 24

[９]　技能実習生の受入形態 ………………………………………… 38

（実習実施者）

[10]　実習実施者の範囲 ……………………………………………… 41

[11]　技能実習生の受入人数枠 ……………………………………… 45

[12]　人員配置基準上の取扱い ……………………………………… 49

[13]　夜勤業務等の実施 ……………………………………………… 52

[14] 実習実施者の優良要件 …………………………………… 55

（監理団体）

[15] 監理団体の役割 …………………………………………… 60

[16] 監理団体の監査 …………………………………………… 63

[17] 監理団体になれる団体 …………………………………… 65

[18] 監理団体の優良要件 ……………………………………… 67

[19] 監理費の内容 ……………………………………………… 74

（技能実習生）

[20] 技能実習生の要件 ………………………………………… 76

[21] 日本語能力要件 …………………………………………… 78

[22] 候補者の選定 ……………………………………………… 83

[23] 講習の内容 ………………………………………………… 84

第3章　技能実習生の受入体制の整備と受入れの実施

（技能実習計画）

[24] 技能実習計画の概要 ……………………………………… 91

[25] 介護職種の業務区分 ……………………………………… 100

[26] 介護技能の到達水準 ……………………………………… 106

[27] 実習実施予定表の概要 …………………………………… 109

（技能実習生の受入体制の構築）

[28]	実習実施者が構築すべき指導体制	127
[29]	技能実習指導員の要件	131
[30]	介護職種の技能実習指導員講習の内容	133
[31]	技能実習生の宿泊施設の確保	135
[32]	技能実習生の生活基盤の構築	138

第4章　技能実習生への指導方法と労務管理

（技能実習生への具体的な指導方法）

[33]	技能実習生との信頼関係の構築	143
[34]	技能実習生への指導をする際の日本語の使い方	146
[35]	介護業務に関する指導を行う際のポイント	149
[36]	チェックリストの作成	151
[37]	技能実習プログラムの作成	153
[38]	実習開始後の日本語の学習方法	156
[39]	医行為の取扱い	158

（労務管理）

[40]	労務管理上の留意点	161
[41]	技能実習生の報酬の設定	164
[42]	技能実習生の保護	167

第5章　その他

[43]　他国における日本の介護のニーズ……………………………171

[44]　帰国後の技能等の活用状況…………………………………173

[45]　技能実習に係る関連機関……………………………………177

[46]　問合せ先………………………………………………………179

[47]　日本介護福祉士会の取組み…………………………………182

資　料

○「介護職種について外国人の技能実習の適正な実施及び技
　能実習生の保護に関する法律施行規則に規定する特定の職
　種及び作業に特有の事情に鑑みて事業所管大臣が定める基
　準等」について……………………………………………………187

○社会福祉法人における介護職種の技能実習生の受入れ等に
　ついて…………………………………………………………200

○特定の職種及び作業に係る技能実習制度運用要領―介護職
　種の基準について―…………………………………………204

第　1　章

技能実習制度の概要

2

第1章　技能実習制度の概要

［１］　技能実習制度の目的

Q　技能実習制度の目的は何ですか。

A　技能実習制度は、開発途上地域等の青壮年を、一定期間我が国の公私の機関に受け入れ、技能、技術又は知識（技能等）を修得してもらい、当該開発途上地域等へ技能等の移転を図ることを目的としています。技能等を修得した方々には、母国の経済発展と産業振興の担い手となることが期待できるため、国際協力及び国際貢献の仕組みとなっています。

なお、移転対象職種に人手不足の分野があるのは事実ですが、決して、我が国の人手不足を解消するための制度ではありません。

解　説

1　技能実習法の目的

技能実習法1条では、技能実習の適正な実施と技能実習生の保護を図り、人材育成を通じた開発途上地域等への技能、技術又は知識の移転による国際協力を推進することを目的とする旨が明記されています。

また、併せて技能実習に関し基本理念を定め、国等の責務を明らかにすることや他法令（入管法令、労働関係法令）と相まって法の目的が達成されるべきことについても規定しています。

2　技能実習の基本理念

技能実習法3条2項には、技能実習制度が、このような国際貢献・国

際協力という制度の趣旨・目的に反して、国内の労働力の不足を補うための制度ではないことを明確にするため、「労働力の需給の調整の手段として行われてはならない」と規定しています。

そのため、技能実習制度に関して、例えば、監理団体がそのホームページやパンフレット等で「人手不足の解消のために技能実習制度を活用する」などと勧誘・紹介するのは、本条の趣旨に沿わず、制度の目的を正しく理解しているとはいえません。

なお、このような行為を行うことは、監理団体の業務運営基準（規則52四）に違反することとなります。

[2] 技能実習法の概要

Q 技能実習法は、いったいどのようなものなのでしょうか。

A 技能実習法は、従来、入管法令により、在留資格「技能実習」に係る要件等とされていた種々の規定を取りまとめ、さらに制度の抜本的な見直しを行い、新たに技能実習制度の基本法として制定された法律です。

その中では、技能実習を実施する実習実施者やその実施を監理する監理団体に対する規制や、管理監督体制、技能実習生の保護に係る措置等が定められています。

解説

1 技能実習法が創設された理由

技能実習制度は、これまで「出入国管理及び難民認定法」（昭和26年政令319号）と、その省令を根拠法令として、我が国の技能や技術、知識等を伝える仕組みとして20年以上にわたり機能し成果をあげてきました。しかし、制度を悪用し、技能実習生を安価な労働力として酷使する事例が一部にあったことから、より適正な運用と技能実習生の保護を図ることが重要な課題となっていました。

そこで、法務省及び厚生労働省において「「技能実習制度の見直しに関する法務省・厚生労働省合同有識者懇談会」報告書」を取りまとめ、制度の適正化と優良な受入機関に対する制度拡充を目的とした「外国人の技能実習の適正な実施及び技能実習生の保護に関する法律案」を策定し、平成28年11月28日、「外国人の技能実習の適正な実施及び技能

実習生の保護に関する法律」（技能実習法）が公布され、平成29年11月1日に施行されました。

2　技能実習法のポイント

　技能実習法では、技能実習制度の適正な実施と技能実習生の保護に関する業務を担う機関として外国人技能実習機構を設立することや、技能実習計画の認定制や実習実施者の届出制、監理団体の許可制を導入することのほか、通報・申告窓口を整備すること、人権侵害行為等に対する罰則等を整備すること、実習先変更支援を充実することなどが盛り込まれています。

[３] 技能実習制度の対象職種に介護職種が追加された経緯

Q 技能実習制度の対象職種に介護職種が追加された経緯を教えてください。

A 　介護職種の技能実習生の受入れに関しては、「「日本再興戦略」改訂2014－未来への挑戦－」（平成26年6月24日閣議決定）において、外国人技能実習制度の対象職種に介護分野を追加することについて、日本語要件等の介護分野特有の観点を踏まえつつ、年内を目途に検討し結論を得るとされたことを受け、厚生労働省に設置された「外国人介護人材受入れの在り方に関する検討会」において検討が進められてきました。そして、この検討会の中間まとめ（平成27年2月）に基づき、更に制度設計が行われ、平成29年11月に介護職種が追加されました。

解　説

　「外国人介護人材受入れの在り方に関する検討会」では、以下に示す項目について検討・整理が行われ、更にここで整理された内容を踏まえ、詳細な制度設計が行われました。
① 　移転対象となる適切な業務内容・範囲の明確化
② 　必要なコミュニケーション能力の確保
③ 　適切な公的評価システムの構築
④ 　適切な実習実施機関の対象範囲の設定
⑤ 　適切な実習体制の確保
⑥ 　日本人との同等処遇の担保
⑦ 　監理団体による監理の徹底

技能実習制度への介護職種の追加に当たっての要件設定について

〇 介護の技能実習生の受入れに当たっての要件は、下記の「外国人介護人材受入れの在り方に関する検討会中間まとめ」（平成27年2月4日）での提言内容に沿って設定。

1. 移転対象となる適切な業務内容・範囲の明確化
一定のコミュニケーション能力の習得、人間の尊厳や介護実践の考え方、社会のしくみ・こころとからだのしくみ等の理解に裏付けられた以下の業務を、移転対象とする
・必須業務＝身体介護（入浴、食事、排泄等の介助）
・関連業務＝身体介護以外の支援（掃除、洗濯、調理等）、間接業務（記録、申し送り等）
・周辺業務＝その他（お知らせなどの掲示物の管理等）

2. 必要なコミュニケーション能力の確保
・1年目（入国時）は「N3」程度が望ましい水準。「N4」程度が要件。2年目は「N3」程度が要件に対応
（参考）N3：日常的な場面で使われる日本語をある程度理解することができる　（日本語能力試験 独立行政法人国際交流基金 公益財団法人日本国際教育支援協会が実施）
【N4】：基本的な日本語を理解することができる

3. 適切な公的評価システムの構築
試験実施機関は、技能実習の新制度で求められる要件を満たすよう選定する
・各年の到達水準は以下のとおり
1年目　指示の下であれば、基本的な介護を実践できるレベル
2年目　指示の下であれば、決められた手順に従って、基本的な介護を実践できるレベル
3年目　自ら、介護業務の基礎となる能力や考え方に基づき、利用者の心身の状況に応じた介護を一定程度実践できるレベル
5年目　自ら、介護業務の基礎となる能力や考え方に基づき、利用者の心身の状況に応じた介護を実践できるレベル

4. 適切な実習実施機関の対象範囲の設定
「介護」の業務が現に行われている機関を対象とする（介護福祉士国家試験の実務経験対象施設）
ただし、技能実習生の人権擁護、適切な在留管理の観点から、訪問系サービスは対象としない
・経営が一定程度安定している機関（原則として設立後3年を経過している機関）に限定

5. 適切な実習体制の確保
・受入人数の上限
受入れ人数枠の算定基準
・技能実習指導員の要件
・入国時の講習
・技能実習計画書

小規模な受入機関（常勤職員数30人以下）の場合、常勤職員総数の10%まで
介護職員として5年以上の経験を有する介護福祉士等
技能移転の対象項目ごとに詳細な作成を求める
専門用語で介護の基礎的な事項を学ぶ

6. 日本人との同等処遇等の担保
「日本人が従事する場合の報酬と同等額以上であることを徹底するため、以下の方策を講ずる
・受入れ時：賃金規程等の確認
・受入れ後：訪問指導時の関係書類のヒアリング、賃金台帳の確認、監理団体による定期報告
※EPAにおける取組を参考に、監理団体等による確認を徹底しつつ、監理実施機関は、技能実習実施を認めないことも検討

7. 監理団体による監理の徹底
・技能実習制度本体の見直しに沿った監理の徹底を図る

（出典：厚生労働省ホームページ）

第1章 技能実習制度の概要

[4] 技能実習制度の対象職種に介護職種を追加することの懸念への対応事項

Q 技能実習制度の対象職種に介護職種を追加することの懸念への対応事項としてどのようなことがありますか。

A 厚生労働省が設置した「外国人介護人材受入れの在り方に関する検討会」では、技能実習制度の対象職種に介護職種を追加するに当たり、介護サービスの特性に基づく様々な懸念に対応する事項として、以下の3点が挙げられました。
① 介護が「外国人が担う単純な仕事」というイメージとならないようにすること
② 外国人について、日本人と同様に適切な処遇を確保し、日本人労働者の処遇・労働環境の改善の努力が損なわれないようにすること
③ 介護のサービスの質を担保するとともに、利用者の不安を招かないようにすること

解　説

「外国人介護人材受入れの在り方に関する検討会中間まとめ」で挙げられた前記3点に係る具体的な懸念は次のとおりです。
① 介護が「外国人が担う単純な仕事」というイメージとならないようにすること

　人材不足が叫ばれる介護業界において、介護という仕事が、日本語能力の乏しい外国人が担う「単純な肉体労働」という印象を持たれたり、外国人を安価な労働力として使う業界であると認識された

りすることがあれば、介護業界にとって大きなダメージになると想定されます。

② 外国人について、日本人と同様に適切な処遇を確保し、日本人労働者の処遇・労働環境の改善の努力が損なわれないようにすること

　外国人でも、日本人と同等の労働を行う場合には同等の処遇を行うことが担保されたり、同じ職場で働く日本人従業者と円滑な連携ができる環境が整備されたりしなければ、国際的な人権問題に発展しかねないばかりでなく、介護の仕事は外国人が行う安価な仕事というイメージが定着した場合には、せっかく処遇・労働環境の改善を図ってきたこれまでの介護業界の努力が損なわれると想定されます。

③ 介護のサービスの質を担保するとともに、利用者の不安を招かないようにすること

　介護サービスは、要介護者等の尊厳が保持され、有する能力に応じ自立した日常生活を営むことができるように提供されるサービスです。我が国では、これまで介護業界をあげて、質の高い介護サービスを提供するための努力を重ねてきました。外国人技能実習生を受け入れることが、介護サービス利用者に対して不安を与え、あるいは介護サービスの質が低下するようなことにつながることは許されるものではありません。

第1章　技能実習制度の概要　　11

［5］　技能実習制度の対象職種に介護職種を追加することの懸念への具体的な対応

Q 　技能実習制度の対象職種に介護職種を追加することの懸念に対して、具体的にどのように対応するのでしょうか。

A 　技能実習制度の対象職種に介護職種を追加するに当たっては、質の担保など、介護サービスの特性に基づく要請に対応できるよう、技能実習制度そのものの見直しによる対応に加えて、介護固有の要件等を設けることにより対応しています。

解　説

1　技能実習制度そのものの見直しの内容

　外国人の技能実習の適正な実施及び技能実習生の保護を図り、開発途上地域等の経済発展を担う「人づくり」に協力するという制度趣旨を徹底することを目的として、新たに技能実習法が創設され、以下の内容等を含む見直しが行われました。

・監理団体については許可制、実習実施者については届出制とし、技能実習計画は個々に認定制とする

・新たな外国人技能実習機構を創設し、監理団体等に報告を求め、実地に検査する等の業務を実施する

・通報・申告窓口や人権侵害行為等に対する罰則等を整備し、実習先変更支援を充実させる

　など

2　介護固有要件の内容

介護固有要件としては、「介護職種告示」により、介護職種特有の事情に鑑みた、技能実習制度本体の要件に加えて満たす必要のある要件として、以下の内容が示されています。

① 技能実習生に係る基準

必要なコミュニケーション能力を確保するため、第1号技能実習生として入国する者、第2号技能実習生に在留資格を変更するための要件として、一定の日本語能力が定められています。

② 講習に係る基準

技能実習生が円滑に実習を行うことができるよう、入国後講習について、日本語科目や介護技能に係る知識科目の内容や講師に要件が定められています。

③ 技能実習を行わせる体制に係る基準

適切な実習体制を構築するため、技能実習指導員の要件が定められています。

④ 技能実習を行わせる事業所に係る基準

適切に技能修得できることを担保するため、技能実習を行わせる事業所の要件等が定められています。

⑤ その他の基準

その他、技能実習の人数枠や監理団体の法人形態等に係る要件が定められています。

第1章　技能実習制度の概要

［6］　技能実習生以外の外国人介護人材

Q　介護現場で働くことのできる外国人は技能実習生だけでしょうか。

A　我が国において、介護分野における外国人の就労は原則として認められていませんが、その門戸は広がりつつあり、外国人であっても一定の条件を満たした場合、介護分野での就労が可能となります。平成29年時点において、外国人が介護現場で働ける枠組みは主に、①技能実習、②EPA（経済連携協定）に基づく介護福祉士候補者の受入れ、③在留資格「介護」があります。

　これらの受入れは、それぞれの制度趣旨に沿って制度設計されており、就労可能な期間、施設等の条件は異なります。受入れの枠組みの主な特徴は後掲の比較一覧表のとおりです。

解　説

1　技能実習

　技能実習制度は平成5年にスタートし、平成29年末時点において技能実習生は約27万人在留しています（法務省「平成29年末現在における在留外国人数について（確定値）」）。本制度はこれまでにその在り方をめぐり、国内外から様々な批判がありました。そのような批判に対応すべく、外国人の技能実習の適正な実施及び技能実習生の保護を図るため、平成28年11月に技能実習法が成立、公布されました（［2］参照）。

　技能実習制度の対象職種はいわゆる製造業が中心で、対人サービスの追加は介護が初めてとなります。「外国人介護人材受入れの在り方

に関する検討会」（厚生労働省）において、技能実習制度に介護職種を追加するに当たっては、介護固有の要件を設定することが妥当であるとされました。それを受け、「介護職種告示」等において、日本語能力要件等の介護固有要件が設定されています。

2　EPA（経済連携協定）に基づく介護福祉士候補者の受入れ

　EPA介護福祉士候補者の受入れは、経済連携協定に基づき平成20年度にインドネシア、平成21年度にフィリピン、経済連携協定に基づく交換公文に基づき平成26年度にベトナムがスタートしました。平成29年時点において、介護福祉士候補者の累計受入人数は、およそ3,500人となっています。

　EPA介護福祉士候補者は在留期間の4年間、施設で就労し、国家資格である介護福祉士の取得を目指します。国家資格である介護福祉士を取得した場合、介護福祉士として介護業務に従事する限り、在留期間の更新回数の制限なく、我が国において就労することが可能となります。

　EPA介護福祉士候補者初受験の第24回介護福祉士国家試験の合格率は37.9％（全体の合格率は63.9％）でしたが、第30回試験は50.7％（全体の合格率は70.8％）となっており、半数程度が合格しています。

3　在留資格「介護」

　これまで留学生が介護福祉士養成施設を卒業し、介護福祉士の資格を取得しても、我が国における介護分野での就労は認められませんでしたが、平成28年11月の入管法改正により在留資格「介護」が創設され、介護福祉士養成施設を卒業し、介護福祉士を取得した留学生は、在留期間の更新回数の制限なく、介護福祉士として就労することが可能となりました。

第1章　技能実習制度の概要　　15

　在留資格「介護」の創設により、介護福祉士養成施設への入学者数は増加傾向にあります。「日本介護福祉士養成施設協会調査（平成29年7月）」によると、平成27年度に94人だった留学生は、平成28年度は257人、平成29年度は591人となっています。平成29年度の留学生の出身国は、ベトナムが364人と最も多く、中国74人、ネパール40人、フィリピン35人、韓国23人、他11か国から55人となっており、当該年度の入学者数の8.1%を占めています。

　平成29年度末時点において、在留資格「介護」の対象は介護福祉士養成施設で介護福祉士を取得した者に限られていますが、その対象を技能実習生の介護福祉士取得者にも拡大することが検討されています。なお、技能実習生が介護福祉士国家試験を受験するには、3年以上の実務経験と、実務者研修（450時間）の修了が必要となります。

4　その他

　介護現場において外国人が就労できるケースとしては、前記の他に日本人の配偶者や永住者の他、留学生の資格外活動等があります（入管2の2・19・別表第2）。

第1章　技能実習制度の概要

【技能実習、EPA（経済連携協定）に基づく介護福祉士候補者の受入れ、在留資格「介護」の比較一覧表（平成29年度時点）】

	技能実習			EPA（経済連携協定）に基づく介護福祉士候補者の受入れ			在留資格「介護」
制度趣旨	開発途上地域等への技能等の移転による国際協力			経済活動の連携強化を目的とした特例的な受入れ			専門的・技術的分野への外国人労働者の受入れ
在留資格	技能実習			特定活動			介護
期間	第1号	第2号	第3号	資格取得前		資格取得後	制限なし
	1年以内（[7]参照）	2年以内（[7]参照）	2年以内（[7]参照）	原則4年間		制限なし	
要件	・18歳以上であること ・母国において、同種の業務に従事した経験を有すること ・帰国後、同種の業務に従事し、技能移転を行うこと等（[20]参照）			インドネシア	フィリピン	ベトナム	介護福祉士養成施設において、介護福祉士を取得していること
				「高等教育機関（3年以上）卒業＋インドネシア政府によ	「4年制大学卒業＋フィリピン政府による介護士認定」又	3年制又は4年制の看護課程修了	
	第1号	第2号	第3号				
		第2号移行	第3号移行				

	第1号	第2号	第3号	インドネシア	フィリピン	ベトナム	なし
	一	時、技能検定基礎級相当の技能実習評価試験（初級）の合格（[26]参照）	時、技能検定3級相当の技能実習評価試験（専門級）の合格（[26]参照）	る介護士認定」又は「インドネシアの看護学校（3年以上）卒業」	は「フィリピンの看護学校（学士）（4年）卒業」		
日本語能力	入国時に日本語能力試験N4程度以上（[21]参照）	第2号移行時に日本語能力試験N3程度以上（[21]参照）	なし	入国時に日本語能力試験N5程度以上	入国時に日本語能力試験N5程度以上	入国時に日本語能力試験N3以上	なし
就労場所	・開設後、3年以上経過している施設・事業所 ・訪問系サービスは対象外 （[10]参照）			資格取得前 ・原則、利用者定員30名以上の入所施設 ・訪問系サービスは対象外	資格取得後 制限なし		制限なし

対象国	限定なし	3か国（インドネシア、フィリピン、ベトナム）に限定	限定なし
人数枠	常勤介護職員が30名の事業所（一般の実習実施者）の場合、第1号は3名、第1号・第2号の合計は9名まで（[11]参照）	1施設当たり原則、各年1か国につき2名以上5名以内	制限なし
人員配置基準上の取扱い	就労開始6か月後から算定可 ※日本語能力試験N2以上の日本語能力を有している場合、就労開始と同時に算定可 （[12]参照）		算定可

第 2 章

技能実習生の
受入れの検討

20

第2章　技能実習生の受入れの検討　　21

［7］　技能実習制度（介護職種）全体の流れ

Q　技能実習生は何年間、日本で活動（実習）できるのでしょうか。

A　技能実習制度の本旨は技能移転であるため、技能実習生が我が国において永続的に活動（実習）することは想定されておらず、その期間は限定されています。

　技能実習生の在留資格は第1号、第2号、第3号に区分されており、各号の実習期間が定められています。第1号技能実習は1年以内、第2号技能実習と第3号技能実習は2年以内であり、最長5年間の実習が可能です。しかし、全ての技能実習生が5年間実習できるわけではなく、第1号から第2号、第2号から第3号へ移行するには、一定の要件を満たす必要があります。

解　説

1　第1号技能実習（1年目）

　第1号技能実習生の在留資格は、団体監理型は「技能実習1号ロ」、企業単独型は「技能実習1号イ」です（入管別表第1）。第1号技能実習の技能実習の期間は1年以内です（法9三）。

　技能実習生の受入形態は、団体監理型が一般的です。団体監理型では、入国後講習修了後から実習がスタートします。雇用関係は実習開始時から発生するため、講習期間中は雇用関係がありません。

　第1号技能実習の修了時においては、第2号技能実習に移行する予定がある場合には、技能検定基礎級に相当する技能実習評価試験（初級）の受検が必須であり、第2号技能実習に移行するには、その合格が必要

となります。併せて介護職種の場合は、日本語能力試験N3程度以上の日本語能力も必要となります。

2　第2号技能実習（2年目、3年目）

第2号技能実習生の在留資格は、団体監理型は「技能実習2号ロ」、企業単独型は「技能実習2号イ」です（入管別表第1）。第2号技能実習の技能実習の期間は2年以内です（法9三）。

対象職種は、送出国のニーズがあり、公的な技能評価制度が整備されている職種に限定されています。

第2号技能実習の修了時には、技能の修得状況を確認するため、技能検定3級に相当する技能実習評価試験（専門級）の受検が必須であり、第3号技能実習に移行するためには、その合格と、監理団体及び実習実施者が一定の優良要件を満たし、その内容が認められなければなりません。また、一旦帰国し、1か月以上の期間を空けることが必要とされています。

3　第3号技能実習（4年目、5年目）

第3号技能実習生の在留資格は、団体監理型は「技能実習3号ロ」、企業単独型は「技能実習3号イ」です（入管別表第1）。第3号技能実習の技能実習の期間は2年以内です（法9三）。

第3号技能実習の修了時には、技能の修得状況を確認するため、技能検定2級に相当する技能実習評価試験（上級）の受検が必須です。

第2章　技能実習生の受入れの検討

【団体監理型技能実習の流れ】

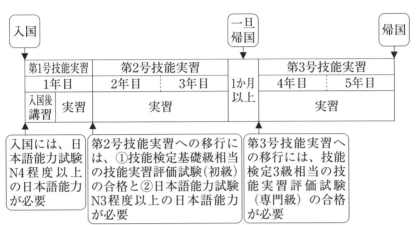

［8］ 実習開始に当たり必要な手続

Q 実習を開始するに当たり、どのような手続が必要ですか。

A 技能実習制度は段階的に技能を修得するため、実習を行うには実習期間中に修得する技能の内容とそのスケジュールを記載した技能実習計画の認定を受ける必要があります。また、次の段階の技能実習に移行するためには、技能実習計画の認定に加え、技能実習評価試験に合格しなければなりません。それぞれの手続の申請（申込）先と提出時期を理解しておく必要があります。

解説

1 入国前に必要な主な手続

①技能実習計画認定申請（1号）、②在留資格認定証明書交付申請（1号）、③査証申請の手続が必要です。この申請は連続した一連の流れになっています。申請先、提出時期及び標準審査期間は以下のとおりです。

手続	申請先	提出時期	標準審査期間
① 技能実習計画認定申請（1号）	外国人技能実習機構地方事務所	技能実習の開始予定日の4か月前までに申請。団体監理型の場合は、事前に監理団体に許可が必要。	1～2か月

② 在留資格認定証明書交付申請（1号）	地方入国管理局	技能実習計画の認定後、速やかに行う。	2週間
③ 査証申請	在外日本国公館	在留資格認定証明書の交付後、速やかに行う。	5業務日

　技能実習計画認定申請（1号）を行う際には、日本語能力を証明する書類を提出する必要がありますが、申請を行う際に、試験の合否結果が出ていない等の事情で日本語能力を証明する書類を提出することができない場合には、実習開始の3か月前までであれば、申請後に当該書類を追完することが可能です。

2　第2号技能実習に移行するために必要な主な手続

　第2号技能実習に移行するためには、第1号技能実習の期間中に、①技能実習計画認定申請（2号）、②在留資格変更許可申請（2号）の手続が必要です。申請先、提出時期及び標準審査期間は以下のとおりです。

手　続	申請先	提出時期	標準審査期間
① 技能実習計画認定申請(2号)	外国人技能実習機構地方事務所	技能実習の開始予定日の3か月前までに申請。	2〜5週間
② 在留資格変更許可申請(2号)	地方入国管理局	技能実習計画の認定後、速やかに行う。	2週間

　技能実習計画認定申請（1号）と同様に、技能実習計画認定申請（2号）を行う際に、試験の合否結果が出ていない等の事情で日本語能力を証明する書類を提出することができない場合には、実習開始の2か月前までであれば、申請後に当該書類を追完することが可能です。

3 第3号技能実習に移行するために必要な主な手続

第3号技能実習に移行するためには、第2号技能実習の期間中に、①技能実習計画認定申請（3号）、②在留資格変更許可申請（3号）の手続が必要です。申請先、提出時期及び標準審査期間は以下のとおりです。

手　続	申請先	提出時期	標準審査期間
①　技能実習計画認定申請(3号)	外国人技能実習機構地方事務所	技能実習の開始予定日の3か月前までに申請。	2〜5週間
②　在留資格変更許可申請(3号)	地方入国管理局	技能実習計画の認定後、速やかに行う。 ※許可は一時帰国後。	2週間

4 技能実習評価試験の受検推奨時期

各段階の技能の修得状況の証明として、技能実習評価試験の受検が必要とされています。受検推奨時期は各段階で異なります。申込先は一般社団法人シルバーサービス振興会です（規則別表第1）。

第1号技能実習	計画満了日の3か月前まで
第2号技能実習	計画満了日の6か月前まで
第3号技能実習	計画満了日まで

第2章 技能実習生の受入れの検討

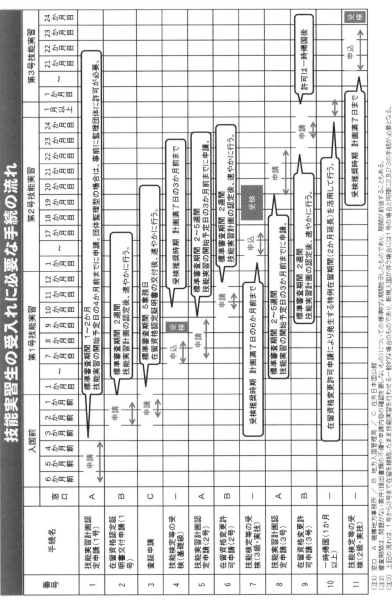

(出典:運用要領2章2節)

団体監理型

介護職種に係る技能実習計画認定申請に係る提出書類一覧・確認表

◆ 申請書及び添付書類は、片面印刷のものに限り、本表にてご確認し、本表にここに記載し（申請者にてここ確認し、本表にてご確認し、「有」又は「無」に○を付けてください。）の上、本表の書類の番号順に並べ、本表とともに提出してください。「申請者確認欄」の「有」又は「無」に○を付けてください。い。）の上、提出を省略する書類がある場合は、当該書類の申請者確認欄（※）に「提出を省略する書類を添付した過去の技能実習計画認定申請書」を提出した日（申請日）又は申請番号（認定番号）をお書きください。

◆ 複数の技能実習計画について同時に申請する場合は、技能実習計画ごとに本表を添付の上、以下のとおり提出してください。

◆ 本表の書類番号1「申請する技能実習計画の対象となる技能実習生に係る技能実習計画には、書類の番号1から70の提出を要する全ての書類について、書類の番号順に並べてください。

◆ 本表の書類番号1「申請する技能実習計画の対象となる技能実習生の名簿」の2人目以降の技能実習計画には、本表（書類の番号2）のほか、書類の番号3から24、55から60、64、65について、1件ずつクリップ等（ホチキスを除く）で綴じた上で、名簿順に並べてください（筆頭の技能実習生に係る技能実習計画に添付した書類と同一内容のものは省略可。番号3〜9（省令様式第1号）を除く）。

◆ 本表の書類番号3から9の副本は、申請書類の末尾にまとめて添付してください。

◆ 「技能実習の区分（提出の要否）」欄の印の意味は以下のとおりです。

  ◎： 必ず提出が必要なもの。

  ○： 過去3年以内に他の技能実習計画に関し機構への申請又は届出により提出したものと内容に変更（経年による変更を除く。）がない場合に提出が不要なもの。（入国管理局へ提出したものは含まない。）

  ●： 過去5年以内に同一の技能実習生に関し機構への申請又は届出により提出したものと内容に変更（経年による変更を除く。）がない場合に提出が不要なもの。（入国管理局へ提出したものは含まない。）

  △： 実習先（実習実施者）変更により新たな技能実習生を受け入れる場合に提出が必要なもの。

  ×： 提出が不要なもの。

◆ 書式の「省令様式」は必ず使用しなければならないもの、「参考様式」「介護参考様式」は必ず使用しなければならないものではありませんが同様の内容を記載した書類を提出する必要があるものです。

◆ 個別具体的な申請内容に応じて資料が必要であると認められる場合などには、本表に記載している資料以外の提出を求めることがあります。

具体的な書類は別途、随時お示ししていきます。

団体監理型技能実習

i	申請者名称又は氏名若しくは実習実施者届出番号	
ii	申請する技能実習の区分	第　　　号
iii	技能実習生の氏名	
iv	監理団体の名称	

注）複数人の技能実習計画を同時に申請する場合、申請する技能実習計画届出書の対象となる技能実習生の名簿とする技能実習者氏名を、上記「i」及び「ii」のみの記載で結構です。

番号	必要な書類	書式	技能実習の区分（提出の要否）			留意事項	申請者確認欄（○をつける。）		※
			1号	2号	3号		有	無	
1	申請する技能実習計画の対象となる技能実習生の名簿	（機構HPに掲載）	◎	◎	◎	複数人の技能実習計画を同時に申請する場合に必要です。	有	無	
2	技能実習計画認定申請に係る提出書類一覧・確認表（本表）	（機構HPに掲載）	◎	◎	◎	申請の際、本表にてご提出書類をご確認の上、申請書類とともにご提出してください。	有	無	
3	技能実習計画認定申請書	省令様式第1号（第1面 A・B・C・E・F）	◎	◎	◎	・正副1部ずつ　第1面から第7面の提出を要する書類（その正・副・申請者の控え・押印がされているもの）及び必要な添付書類をそれぞれご提出ください。	有	無	
4	技能実習計画	省令様式第1号（第2面 A・B・C・D・E・F）	◎	◎	◎	6～8の「実習実施予定表」について は、技能実習の対象職種ごとに該当する計画を作成することが求められている場合、その対象職種ごとに該当する実習予定表の作成が必要です。	有	無	
5	入国後講習実施予定表	省令様式第1号（第3面 D）	◎	×	×	（職種別技術に関するものについては、記載イメージについては、	有	無	
6	実習実施予定表	省令様式第1号（第4面 A・D）	◎	×	×	機構のHP www.mhlw.go.jp, file 06-Seisakujouhou-12000000-Shakaiengokyoku/	有	無	
7	実習実施予定表（1年目）	省令様式第1号（第5面 B・C・E・F）	×	◎	◎	Shakai/0000180396.pdf）に掲載されている「介護職場の技能実習計画のモデル例」に、介護職種実習予定表の「技能実習の内容」の記載例を記載しております。	有	無	
8	実習実施予定表（2年目）	省令様式第1号（第6面 B・C・E・F）	×	◎	◎	実習計画（具体的な技術）を記載する際の別紙が、参考になりますので、ご参照ください。	有	無	
9	欠格事由非該当の誓約	省令様式第1号（第7面 A・B・C・D・E・F）	◎	◎	◎		有	無	
10	申請者の誓約書	参考様式第1-2号（D）	◎	×	×		有	無	
		参考様式第1-2号（E・F）	×	◎	◎		有	無	
11	技能実習生の旅券その他の身分を証する書類の写し	ー	◎	◎	◎	身分事項が確認できる箇所の写し。※在留カードの交付を受けている場合は、その写しも必ず提出してください。	有	無	

番号	必要な書類	書式	技能実習の区分（提出の要否）			留意事項	申請者確認欄		団体監理型
			1号	2号	3号		○をつける・有	無	※
12	技能実習生の履歴書	参考様式第1-3号 (A・B・C・D・E・F)	◎	●	●		有	無	
13	次の1～3のうちいずれかの資料（外国の所属機関による証明書（団体監理型技能実習）） 1 教育機関の概要要領、外国の公的機関若しくは教育機関又は外国の公私の機関が実施した場合は、技能実習生が履修した科目について当該機関が証明する文書 3 技能実習を行わせる理由書、訓練実施予定表、訓練実習生一覧表	1参考様式第1-28号 (D・E・F) 2参考様式第1-33号、証明書 3参考様式第1-22号、1-34号、1-35号	◎		●	（3の場合）技能実習生が本国を出国する時点で所属している勤務先がある場合。	有	無	
14	技能実習計画の認定に関する取次送出機関の誓約書	参考様式第1-10号 (D・E・F)	◎	●	●		有	無	
15	技能実習のための雇用契約書の写し	参考様式第1-14号 (A・B・C・D・E・F)	◎	◎	◎		有	無	
16	雇用条件書の写し	参考様式第1-15号 (A・B・C・D・E・F)	◎	◎	◎	別紙を含む。	有	無	
17	技能実習生の報酬に関する説明書	参考様式第1-16号 (A・B・C・D・E・F)	◎	◎	◎		有	無	
18	技能実習の期間中の待遇に関する重要事項説明書	参考様式第1-19号 (D)	◎	×	×		有	無	
		参考様式第1-19号 (E・F)	×	◎	◎		有	無	
19	技能実習生の申告書	参考様式第1-20号 (A・B・C・D・E・F)	◎	●	●		有	無	
20	技能実習の準備に関し本国で支払った費用の明細書	参考様式第1-21号 (D・E・F)	◎		●		有	無	

No.	書類	様式					備考	有無
21	技能実習生の推薦状	参考様式第1-23号（D・E・F）	◎	●	●	●	別紙を用いて複数の技能実習生の推薦状をまとめて発行することは(も)可能です。	有／無
22	同種業務従事経験等証明書（団体監理型技能実習）	参考様式第1-27号（D・E・F）	◎	●	●	●	証明内容について、別添付資料を要する場合があります。	有／無
23	団体監理型技能実習生と取次送出機関との間の技能実習に係る契約書の写し	様式自由	◎	●	●	●		有／無
24	前段階の技能実習計画において目標として定めた技能検定又は技能実習評価試験の合格又は一部合格を証する書類の写し	—	×	◎			機構による受検手続の支援に係る同意書を提出した技能実習生の場合、合格を証する書類の提出は不要です。※なお、当該機関については、準備が整い次第事務局ごとに御案内する予定です。	有／無
25	申請者の概要書	参考様式第1-1号（A・B・C・D・E・F）	○	○	○	○	複数の法人が共同で技能実習を実施する場合には、法人ごとに1部ずつ作成してください。	有／無
	【申請者が法人の場合】							
26	登記事項証明書	—	○	○	○	○	・複数の法人が共同で技能実習を行わせる場合には、各法人ごとに1枚ずつ必要。・発行日から3月以内のものを提出してください。	有／無
27	直近2事業年度の貸借対照表の写し	—	○	○	○	○	直近の事業年度で債務超過がある場合、中小企業診断士、公認会計士等の企業評価を行う能力を有すると認められる公的資格を有する第三者の見通しについて評価を行った書類の提出も必要。	有／無
28	直近2事業年度の損益計算書又は収支計算書の写し	—	○	○	○	○		有／無
29	直近2事業年度の法人税の確定申告書の写し		○	○	○	○	納税署の受付印があるものに限る。	有／無
30	直近2事業年度の法人税の納税証明書		○	○	○	○	納税証明書「その2」の所得金額の証明の提出が必要。	有／無

32　第2章　技能実習生の受入れの検討

団体監理型

番号	必要な書類	書式	技能実習の区分（提出の要否） 1号	2号	3号	留意事項	申請者確認欄 （○をつける） 有	無	団体監理欄 ※
31	役員の住民票の写し（役所から交付されるものが「住民票の写し」ですので、改めてコピーを取るのではなく、役所から交付されたものを提出してください）		○	○	○	・役員全員分を提出（技能実習に関与する役員の執行に直接的に関与しない役員に代えて、審査書に関する業務の執行に直接的に関与しない者に該当する者ではない旨について申請者が確認し、署名したもの（参考様式第1-36号参照）の提出でも可）。・マイナンバーの記載がないもの。・外国人（特別永住者を除く）の場合は、国籍等、在留資格、在留期間の満了の日及び在留カード等の記載があるもの。・特別永住者の場合は、特別永住者である旨、特別永住者証明書番号の記載があるもの。・婚姻に関し成年者と同一の行為能力を有しない未成年者がその法定代理人について、当該役員及びその法定代理人の住民票の写しを提出してください。・発行日から3カ月以内のものを提出してください。		無	
32	【申請者が個人事業主の場合】申請者の住民票の写し	―	○	○	○	・マイナンバーの記載がないもの。・外国人（特別永住者を除く）の場合は、国籍等、在留資格、在留期間の満了の日及び在留カード等の記載があるもの。・特別永住者の場合は、特別永住者である旨、特別永住者証明書番号の記載があるもの。	有	無	
33	直近2年度の納税申告書の写し	―	○	○	○	・税務署の受付印のあるものを提出してください。	有	無	
34	技能実習責任者の履歴書	参考様式第1-4号（A・B・C・D・E・F）	○	○	○		有	無	

No.	書類	参考様式			有・無	備考
35	技能実習責任者の常勤性が確認できる書類（健康保険等の被保険者証などの写し）	―	○	○	有・無	
36	技能実習責任者の就任承諾書及び誓約書（団体監理型技能実習）の写し	参考様式第1-5号（D・E・F）	○	○	有・無	
37	技能実習指導員の履歴書	参考様式第1-6号（A・B・C・D・E・F）	○	○	有・無	
38	技能実習指導員の常勤性が確認できる書類（健康保険等の被保険者証などの写し）	―		○	有・無	
39	技能実習指導員の就任承諾書及び誓約書（団体監理型技能実習）の写し	参考様式第1-7号（D・E・F）	○	○	有・無	
40	生活指導員の履歴書	参考様式第1-8号（A・B・C・D・E・F）	○	○	有・無	
41	生活指導員の常勤性が確認できる書類（健康保険等の被保険者証などの写し）	―		○	有・無	
42	生活指導員の就任承諾書及び誓約書（団体監理型技能実習）の写し	参考様式第1-9号（D・E・F）	○	○	有・無	
43	宿泊施設の適正についての確認書	参考様式第1-17号（A・B・C・D・E・F）	◎	○△△	有・無	
44	徴収費用の説明書	参考様式第1-18号（A・B・C・D・E・F）	◎	◎	有・無	
45	技能実習を行わせる理由書	参考様式第1-22号（A・B・C・D・E・F）	◎	●△ ●△△	有・無	
46	技能実習生の名簿	参考様式第1-25号（A・B・C・D・E・F）	○	○	有・無	認定された技能実習計画に基づき受けいれている（入国予定者を含む。）技能実習生及び旧制度により受け入れている技能実習生の名簿。

第２章　技能実習生の受入れの検討

番号	必要な書類	書式	技能実習の区分（提出の要否）1号	2号	3号	留意事項	申請者確認欄 ※（○をつける）	団体監理型
47	監理団体と実習実施者の間の実習監理に係る契約書又はこれに代わる書類の写し	様式自由	○	○	○	・契約書に代わる書類として、監理団体（組合）と実習実施者との間の（組合）が定めている書類（監理団体（組合）規約に定める実習実施者が組合員として加入することが分かる書類）を提出することができる可能。	有・無	

【以下は、特定の事由に該当する場合に提出を要する書類です。】

番号	必要な書類	書式	技能実習の区分（提出の要否）1号	2号	3号	留意事項	申請者確認欄 ※（○をつける）	団体監理型
48	再度同じ段階の技能実習を行う理由書	様式自由	◎	◎	◎	・過去に技能実習を修了した者が、再び、同じ段階かつ同じ機関の技能実習を行うとする技能実習計画の認定申請を行う場合。・規則第16条第4項第1号、2号又は3号に該当する技能実習生に係る技能実習計画認定申請を行う課程。	有・無	
49	技能実習計画における業務内容、使用する素材・材料、機械設備、製品等の例示として、技能実習の内容を明らかにする資料（写真、写真付きの工程表（フローチャート）	様式自由	○	×	×	移行対象職種・作業でない場合。	有・無	
50	外国の準備機関の概要書及び誓約書	参考様式第1-13号（A・B・C・D・E・F）	◎	●	●	所属機関（勤務先）以外に技能実習の事前・関与する機関（入国前講習の実施機関、手続の代行機関）がある場合に提出が必要。	有・無	
51	入国前講習実施（予定）表	参考様式第1-29号（D）	◎	×	×	技能実習生に対し、外国で1月以上かつ160時間以上の入国前講習を実施し、入国後講習時間数を第1号技能実習の総時間数の12分の1とする場合。	有・無	
52	入国前講習について、外部機関との委託契約がある場合は、委託契約書の写し	―	◎	×	×	同上	有・無	
53	入国前講習を委託した外部機関（委託機関）の概要を明らかにする書類（パンフレット等）	―	◎	×	×	同上	有・無	
54	複数の職種及び作業に係る技能実習を行わせる理由書	参考様式第1-30号（A・B・C・D・E・F）	◎	△	△	複数の職種及び作業に係る技能実習を行わせる場合。	有・無	

第2章　技能実習生の受入れの検討

【以下は介護職種関係の書類です。】

No.	書類	様式			備考
55	日本語能力認定書、J.TEST実用日本語検定成績証明書又は日本語NAT-TEST成績証明	—	◎	×	計画認定申請を行う前に、試験の合否結果が出ていない等の事情で日本語能力を証明する書類を提出することができない場合には、第1号技能実習については、実習開始の3か月前まで、第2号技能実習については、実習開始の2か月前までに、これが可能です。なお、書類を返送する場合には、申請後3か月以内に、申請書類補正（提出）（追加書類提出）申告書を提出する必要があります。
56	入国後講習実施予定表	介護参考様式第2号	◎	×	前記25の書類の介護職種に係る証拠資料
57	日本語科目の講師の審約書（入国後講習）	介護参考様式第4-1号	◎	×	上記56の書類の補足資料
58	日本語科目の講師の履歴書	介護参考様式第5号	◎	×	上記57の書類の補足資料
59	技能等の修得等に資する知識の科目の講師の審約書	介護参考様式第6号	◎	×	上記56の書類の補足資料
60	技能等の修得等に資する知識の科目の講師の履歴書	介護参考様式第7号	◎	×	上記59の書類の補足資料
61	介護福祉士登録証の写し	—	○	○	技能実習指導員が介護福祉士の場合　前記37の書類の介護職種に係る証拠資料
62	実務者研修修了証明書	—	○	○	技能実習指導員が実務者研修修了者の場合　前記37の書類の介護職種に係る補足資料
63	看護師又は准看護師の免許証の写し	—	○	○	技能実習指導員が看護師又は准看護師の場合　前記37の書類の介護職種に係る補足資料
64	技能実習を行わせる事業所の概要書	介護参考様式第8号	○	○	前記25の書類の介護職種に係る補足資料

第2章　技能実習生の受入れの検討

番号	必要な書類	書式	技能実習の区分（提出の要否） 1号	2号	3号	留意事項	団体監理型 申請者確認欄（○をつける） 有・無	※
65	指定通知書等の写し	—	○	○	○	前記64の書類の補正資料	有　無	
66	申請者の誓約書	介護参考様式第9号	◎	◎	◎		有　無	

【以下は、介護職種関係で特定の事由に該当する場合に提出を要する書類です。】

番号	必要な書類	書式	1号	2号	3号	留意事項	申請者確認欄（○をつける） 有・無	※
67	申請書類補正（追加書類提出）申告書	介護参考様式第1号	◎	◎	×	前記65の日本語能力を証明する書類を別途提出する場合は、本申告書を提出する。	有　無	
68	入国前講習実施（予定）表	介護参考様式第3号	◎	×	×	技能実習生に対し、外国で1月以上かつ160時間以上の入国前講習を実施し、入国後講習の時間数の12分の1とする場合。入国後講習の時間数を第1号技能実習の前記51の書類の補正資料	有　無	
69	日本語科目の講師の誓約書（入国前講習）	介護参考様式第4-2号	◎	×	×	日本語科目について入国前講習を実施することに限る。上記68の書類の補正資料	有　無	
70	介護職種の優良要件適合申告書（実習実施者）	介護参考様式第12号	◎	◎	◎	・第3号技能実習を行わせようとする場合又は常勤介護職員3名・人数の拡大を図ろうとする場合に提出の必要。・提出・適用に応じて、提出に理由が求められている場合があります。	有　無	

【以上に、委任状、返信用封筒、手数料の振込み証する書類を添付してください。】

第２章　技能実習生の受入れの検討

	書類名	規格・様式等		有 / 無	説明
★	委任状	サンプルを機構HPに掲載		有　無	・申請者又は認定の申請に係る担当者（省令様式第1号第2面備考欄に記載のある者）以外の方に申請書等の提出や申請結果の通知等の受領を委任する場合に提出してください。 ・審査の過程において、直接申請者に問い合わせを行う場合もあります。
★	返信用封筒（申請受理票送付用）1枚	長型3号封筒 ※82円分の切手を貼付		有　無	・郵送による申請の場合は、申請受理票を郵送しますので、申請者等（申請者、担当者等）を明記した封筒に82円分の切手を貼付してください。
★	返信用封筒（結果の通知送付用）1枚	角形2号又は1号封筒に申請件数に応じて郵便料金分の切手を貼付 レターパックプラス（赤色）でも可		有　無	・申請結果の通知を郵送で希望する場合は、申請書（申請者、担当者等）を明記した封筒に申請件数に応じた郵便料金を貼付してください。 ・当該封筒が同封されていなかった場合は、申請を行った機構地方事務所・支所へお越しいただいた上で、結果を通知することになります。 ・申請件数に応じた郵便実費料金は、「郵便料金の目安」（パンフレット「技能実習計画の認定申請手続」参照）をご確認ください。レターパックプラスの場合、重量4kg以内の同料金は510円です。
☆	手数料の払込みを証する書類	手数料払込申告書（台紙）（機構HPに掲載）	◎	有　無	・手数料は、技能実習計画認定1件（技能実習生1名）につき3,900円です。申請手数料に応じた金額を事前に当機構所定の口座にお振込みください。 ・払込証明書は、台紙に貼付の上、申請者名等を記載してください。

（出典：外国人技能実習機構ホームページ。平成29年12月現在。最新の情報については、外国人技能実習機構ホームページをご確認ください。）

[9] 技能実習生の受入形態

技能実習生の受入れには、どのような形態があるのでしょうか。

技能実習生を受け入れる形態としては、「団体監理型」と「企業単独型」の二つが存在します。

ただし、これまでの他職種の実績をみると、企業単独型で入国している技能実習生はわずかであり、団体監理型で入国している技能実習生が95％以上を占めています。

介護職種についても、団体監理型で入国する技能実習生が多いことが想定されます。

解説

1 団体監理型

商工会や中小企業団体等営利を目的としない団体（監理団体）が技能実習生を受け入れ、傘下の企業等（実習実施者）で技能実習を実施する形態です。

なお、この形態で技能実習生を受け入れることができる監理団体には、技能実習制度本体で定められている要件に加え、介護固有要件で定められている要件が課されています。

【団体監理型】

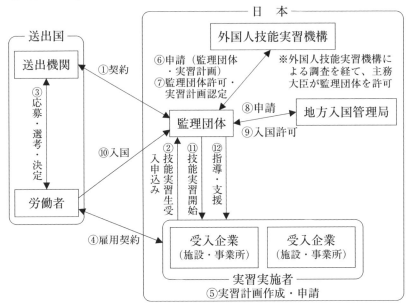

※送出機関とは
　団体監理型の技能実習生の募集を行い、その申込みを日本の監理団体に適切に取り次ぐことができる機関で、技能実習法で定める要件を満たし、送出国（技能実習生の母国）の政府が認定した機関であることが求められています。

2　企業単独型
　我が国の実習実施者が海外の現地法人、合弁企業や取引先企業の職員を受け入れて技能実習を実施する形態です。
　なお、この形態で受け入れることができる技能実習生は、次のいずれかの職員である外国人とされています（法2②一、規則2）。
・我が国の公私の機関の外国にある事業所（支店、子会社又は合弁企業など）
・我が国の公私の機関と引き続き1年以上の国際取引の実績又は過去1

年間に10億円以上の国際取引の実績を有する機関の外国にある事業所
・我が国の公私の機関と国際的な業務上の提携を行っているなどの密接な関係を有する機関として法務大臣及び厚生労働大臣が認めるものの外国にある事業所

【企業単独型】

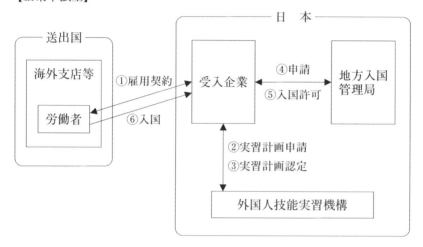

　なお、社会福祉法人は、法人が行う事業から生じた収益を法人外へ拠出することができないものとされているため、企業単独型技能実習として海外の現地法人、合弁企業や取引先企業の職員を介護職員の技能実習生として受け入れることは、想定されていません（平29・9・29社援基発0929第1）。

（実習実施者）

[10] 実習実施者の範囲

Q どのような施設・事業所が技能実習生を受け入れることのできる「実習実施者」となれますか。

A 実習認定を受けた技能実習計画に基づき、団体監理型技能実習、企業単独型技能実習を行わせる者を「実習実施者」といいます（法2⑥～⑧）。介護職種の技能実習生を受け入れることができる実習実施者は、介護福祉士国家試験の受験資格の認定において、「介護等の業務」に従事したと認められる施設・事業所（訪問介護等の訪問系サービスを除きます。）であり、開設後3年以上経過していることとされています。

解　説

1　介護職種の実習実施者となる要件

「外国人介護人材受入れの在り方に関する検討会中間まとめ」において、「いわゆる「介護」は、日常生活上の行為を支援するものであり、多様な場で展開され得るものである。しかしながら、適切な技能移転を図るためには、移転の対象となる「介護」の業務が行われていることが制度的に担保されている範囲に限定すべき」とされ、技能実習生の受入れが可能な施設・事業所は、介護福祉士国家試験の受験資格の認定において、「介護等の業務」に従事したと認められるものであることとされました。ただし、訪問系サービスは、利用者と介護者が1対1で業務を行うことが基本であることから、適切な指導体制の確保が困

難であること、利用者と技能実習生双方の人権擁護、適切な在留管理の担保が困難であるとの理由から、その対象に含まれていません（告示2三イ・四、解釈通知第一・二2）。なお、同様の観点から、訪問系サービスはEPA介護福祉士候補者の受入施設・事業所においても対象外となっています。

　また、適切な技能移転を図るため、実習実施者は経営が一定程度安定している施設・事業所に限定すべきという観点から、開設後3年以上経過しているものであることとされています（告示2三ロ）。

2　対象施設・事業所

　介護職種の実習実施者となる対象施設・事業所は以下のとおりです（介護職種運用要領介護参考様式第8号別紙）。

＜児童福祉法関係の施設・事業＞
・指定発達支援医療機関
・児童発達支援
・放課後等デイサービス
・障害児入所施設
・児童発達支援センター
・保育所等訪問支援
＜障害者総合支援法関係の施設・事業＞
・短期入所
・障害者支援施設
・療養介護
・生活介護
・共同生活援助（グループホーム）
・自立訓練
・就労移行支援

第2章　技能実習生の受入れの検討　　43

・就労継続支援
・福祉ホーム
・日中一時支援
・地域活動支援センター
＜老人福祉法・介護保険法関係の施設・事業＞
・第1号通所事業
・老人デイサービスセンター
・通所介護（療養通所介護を含む。）
・地域密着型通所介護
・介護予防通所介護
・（介護予防）認知症対応型通所介護
・老人短期入所施設
・（介護予防）短期入所生活介護
・特別養護老人ホーム（指定介護老人福祉施設）
・（介護予防）小規模多機能型居宅介護
・複合型サービス
・（介護予防）認知症対応型共同生活介護
・介護老人保健施設
・（介護予防）通所リハビリテーション
・（介護予防）短期入所療養介護
・（介護予防）特定施設入居者生活介護
・地域密着型特定施設入居者生活介護
＜生活保護法関係の施設＞
・救護施設
・更生施設
＜その他の社会福祉施設等＞
・地域福祉センター

・隣保館デイサービス事業
・独立行政法人国立重度知的障害者総合施設のぞみの園
・ハンセン病療養所
・原子爆弾被爆者養護ホーム
・原子爆弾被爆者デイサービス事業
・原子爆弾被爆者ショートステイ事業
・労災特別介護施設
＜病院又は診療所＞
・病院
・診療所

［11］ 技能実習生の受入人数枠

Q 技能実習生は何人まで受け入れることができるのでしょうか。

A 技能実習制度の本旨である技能移転を円滑に図る観点から、技能実習生の受入人数枠は上限が設定されています(法9十一)。受入れの形態（団体監理型、企業単独型）（［9］参照）、優良要件への適合（［14］参照）によって、受入人数枠は異なります。

解説

1 受入人数枠

技能実習生の受入人数枠は、団体監理型と企業単独型によって異なります。介護職種の受入人数枠は、指導する立場の職員の目の届く範囲での実習実施体制を確保する観点から、事業所単位で介護等を主たる業務として行う常勤介護職員の総数に応じて設定されています。なお、技能実習生の総数が事業所の常勤介護職員の総数を超えることはできず、常勤介護職員に技能実習生（第1号・第2号・第3号）は含まれません。

(1) 常勤介護職員の範囲

人数枠の算定基準に含まれる介護職員とは、介護等を主たる業務として行う常勤職員を指すため、介護施設の事務職員や就労支援を行う職員、看護業務を行う看護師及び准看護師はこれに含まれません。

一方、医療機関において、看護師や准看護師の指導の下に療養生活上の世話（食事、清潔、排泄、入浴、移動等）を行う診療報酬上の看護補助者や、当該看護補助者の指導を同一病棟で行っている看護師及

び准看護師は、算定基準に含まれます。

（2）　常勤介護職員の算出方法

　常勤介護職員の総数については、常勤換算方法により算出するものではなく、実習実施者に継続的に雇用されている職員（いわゆる正社員をいいますが、正社員と同様の就業時間で継続的に勤務している日給月給者を含みます。）であって、介護等を主たる業務とする者の数を事業所ごとに算出することになります。

　複数の事業所の介護職員を兼務している者については、一つの特定の事業所において技能実習生の人数枠の算定基準となる常勤介護職員としてカウントされている場合は、それ以外の事業所において常勤介護職員としてカウントすることはできません。

2　優良要件

　団体監理型技能実習の場合は実習実施者と監理団体が、企業単独型技能実習の場合は実習実施者が優良である場合、第3号技能実習生の受入れが認められるとともに、人数枠が拡大されます（介護職種運用要領第4）。

　なお、介護職種の優良な監理団体については、介護職種における第3号の技能実習の実習監理と受入人数枠の拡大の可否について、介護職種の実績等を基に判断することとされています（介護職種運用要領第4）。

3　団体監理型技能実習の介護職種の受入人数枠

　団体監理型の介護職種の受入人数枠は、以下のとおりです。

事業所の常勤介護職員の総数	一般の実習実施者		優良な実習実施者	
	第1号	全体 （第1・第2号）	第1号	全体 （第1・第2・第3号）
1	1	1	1	1

第2章 技能実習生の受入れの検討

2	1	2	2	2
3～10	1	3	2	3～10
11～20	2	6	4	11～20
21～30	3	9	6	21～30
31～40	4	12	8	31～40
41～50	5	15	10	41～50
51～71	6	18	12	51～71
72～100	6	18	12	72
101～119	10	30	20	101～119
120～200	10	30	20	120
201～300	15	45	30	180
301～	常勤介護職員の総数の20分の1	常勤介護職員の総数の20分の3	常勤介護職員の総数の10分の1	常勤介護職員の総数の5分の3

具体例として、団体監理型技能実習の一般の実習実施者（常勤介護職員の総数が30人の場合）が受入人数枠の上限まで技能実習生を受け入れたケースを以下に示します。

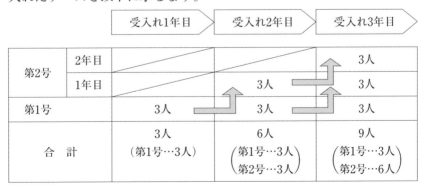

4 企業単独型技能実習の介護職種の受入人数枠

　法務大臣及び厚生労働大臣が継続的かつ安定的に企業単独型技能実習を行わせることができる体制を有すると認める企業における技能実習生の受入人数枠は、団体監理型の介護職種の受入人数枠と同様です。

　上記以外の企業における技能実習生の受入人数枠は下記のとおりです。

一般の実習実施者		優良な実習実施者	
第1号	全体 （第1・第2号）	第1号	全体 （第1・第2・第3号）
常勤介護職員の総数の20分の1	常勤介護職員の総数の20分の3	常勤介護職員の総数の10分の1	常勤介護職員の総数の5分の3

第2章　技能実習生の受入れの検討　　49

[12] 人員配置基準上の取扱い

Q 技能実習生を人員配置基準の算定対象とすることはできますか。

A 介護施設等では、介護サービスの質を担保する観点から、法令により人員配置基準（例えば指定介護老人福祉施設では、利用者：介護職員は3：1）が定められています。

以下のいずれかに該当する技能実習生は、介護施設等において、人員配置基準の算定対象とすることが可能となります。
・技能実習を行わせる事業所において実習を開始した日から、6か月を経過した者
・日本語能力試験N2又はN1に合格している者

解　説

1　技能実習生の人員配置基準上の取扱い

技能実習生の人員配置基準上の取扱いは、①技能実習を行わせる事業所において実習を開始した日から6か月を経過した者、②日本語能力試験のN2又はN1（平成22年3月31日までに実施された審査にあっては、2級又は1級）に合格している者のいずれかに該当する介護職種の技能実習生については、法令に基づく職員等の人員配置基準において、職員等とみなす取扱いとすることとされています（介護職種解釈通知第三1）。

入国後講習修了後に就労開始となる団体監理型の場合、入国後講習を修了し、就労を開始してから6か月経過後に人員配置基準の算定対象とすることが可能となり、日本語能力試験N2以上の日本語能力を

有していれば、就労開始と同時に人員配置基準の算定対象とすることが可能です。

　この取扱いは介護報酬だけでなく、障害福祉サービス等報酬においても、同様となります。また、介護職種の技能実習生が、看護補助者として病院又は診療所において看護師長及び看護職員の指導の下に療養生活上の世話等の業務を行う場合における看護補助者の人員配置基準においては、当該技能実習生を員数に含めて算定しても差し支えないとされています（解釈通知第三2）。

2　EPA介護福祉士候補者の人員配置基準上の取扱い

　介護福祉士候補者の円滑な受入れを促進する観点から、EPA介護福祉士候補者も技能実習生と同様の取扱いとなっています。EPA介護福祉士候補者は入国後の日本語研修と導入研修の修了後に勤務開始となります（平20・5・19医政発0519001・職発0519001・社援発0519001・老発0519004第一・五・第二・三2、平20・11・6医政発1106012・職発1106003・社援発1106004・老発1106007第一・五・第二・三2、平25・3・6医政発0306第5・職発0306第5・社援発0306第6・老発0306第5第一・五・第二・三2）。

【入国後、技能実習生とEPA介護福祉士候補者が人員配置基準上職員等として算定可能となるまでの流れ】

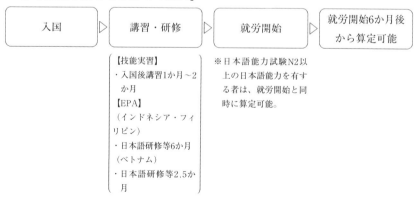

3 在留資格「介護」の人員配置基準上の取扱い

在留資格「介護」で業務に従事する介護福祉士は、日本語能力要件や就労期間にかかわらず、就労開始と同時に人員配置基準の算定対象とすることが可能です。

介護福祉士資格を取得しているため、人員配置基準以外にも、有資格者を一定割合以上雇用し、サービスの向上を図る事業所を評価するサービス提供体制強化加算などの適用の対象となります。

[13] 夜勤業務等の実施

Q 介護職種の技能実習生が夜勤業務等を行うことはできますか。

A 夜勤は昼間と異なり少人数での勤務となるため、利用者の安全確保と技能実習生を保護するための措置を講じている場合に限り、夜勤業務が可能となります。技能実習生一人による夜勤は認められません。

具体的な措置の内容としては、夜勤業務を技能実習指導員と技能実習生の複数名で行うことや、2年目以降の技能実習生に限定することが考えられるとされています。なお、少人数の状況の下での業務又は緊急時の対応が求められる業務を行わせる場合も、同様の措置が求められます。

解説

1　技能実習生の夜勤業務等

介護職種告示2条5号において、「技能実習生に夜勤業務その他少人数の状況の下での業務又は緊急時の対応が求められる業務を行わせる場合にあっては、利用者の安全の確保等のために必要な措置を講ずることとしていること」とされ、介護職種解釈通知第一・二3において、「夜勤は、昼間と異なり少人数での勤務となるため利用者の安全性に対する配慮が特に必要となるとともに、技能実習生の心身両面への負担が大きいことから、技能実習生を夜勤業務等に配置する際には、利用者の安全を確保し、技能実習生を保護するための措置を講ずること

が必要であること」とされています。

　その具体的な措置として、「介護職種の技能実習生の受入れに関するガイドライン」（技能実習制度への介護職種の追加に向けた準備会平成29年9月29日策定）において以下のように定められています。

・指導等に必要な数の技能実習生以外の介護職員（主として技能実習指導員）と技能実習生の複数名で業務を行う。

　※技能実習生が配置される事業所と同一敷地内で一体的に運営されている事業所がある場合は、一体的に運営されている事業所に技能実習生以外の介護職員（主として技能実習指導員）を同時に配置する体制とすることも可能。

・その他、利用者の安全及び技能実習生の心身への負担の回避の観点から、事業所の判断により、夜勤業務等を行わせるのは2年目以降の技能実習生に限定することも考えられる。

　また、前記の場合であっても、技能実習生の心身両面への負担や実習業務への影響を考慮し、夜勤業務については適切な範囲で実施する、技能実習生に対し有給休暇の取得を推奨する等の配慮を行うことが望ましいとされています。

2　EPA介護福祉士候補者の夜勤業務

　EPA介護福祉士候補者についても、夜勤は、昼間と異なり少人数での勤務となるため利用者の安全性に対する配慮が特に必要となること、また、介護福祉士候補者の心身両面への負担が大きいことから国家試験の合格に向けた学習への配慮が求められるため、介護福祉士候補者を夜勤に配置するに当たっては、①介護福祉士候補者以外の介護職員を配置すること又は②緊急時のために介護福祉士候補者以外の介護職員等との連絡体制を整備すること、また、候補者の学習時間への

影響を考慮し、適切な範囲で夜勤を実施するよう配慮することが定められています（平20・5・19医政発0519001・職発0519001・社援発0519001・老発0519004第二・三2、平20・11・6医政発1106012・職発1106003・社援発1106004・老発1106007第二・三2、平25・3・6医政発0306第5・職発0306第5・社援発0306第6・老発0306第5第二・三2）。

[14] 実習実施者の優良要件

Q 第3号技能実習生を受け入れることができる優良な実習実施者の要件を教えてください。

A 第3号技能実習生を受け入れることができる実習実施者は、技能実習法9条10号で、技能等の修得等をさせる能力につき高い水準を満たすものとして主務省令（規則15）で定める基準に適合していることとされています。

なお、介護職種の優良な実習実施者に関する基準は、他職種における優良な実習実施者に関する基準の「技能実習を行わせる体制」の評価項目に、「過去3年以内の介護職種の技能実習指導員講習の受講歴」を追加したものとされています。

解　説

1　介護職種の優良な実習実施者に関する基準

後記の【介護職種の優良な実習実施者に関する基準】の表で6割以上の点数（125点満点で75点以上）を獲得した場合に、「優良」であると判断することとされています（介護職種運用要領第3）（他職種は120点満点で72点以上）。

2　介護職種の技能実習指導員講習

「介護職種の技能実習指導員講習」とは、介護職種の技能実習に関して、適切な実習体制を確保することを目的として厚生労働省が行う予算事業である「介護職種の技能実習生の日本語学習等支援事業」を受託した事業者が、当該事業の一環として実施する講習をいうとされ

ています。

なお、平成30年度の当該受託事業者は、公益社団法人日本介護福祉
士会です。

【介護職種の優良な実習実施者に関する基準】

	項　目	配　点
①　技能等の修得等に係る実績	【最大70点】	
	Ⅰ　過去3年間の初級程度の介護技能実習評価試験等（他職種の技能実習評価試験も含む。）の学科試験及び実技試験の合格率（旧制度の基礎2級程度の合格率を含む。）	・95％以上：20点 ・80％以上95％未満：10点 ・75％以上80％未満：0点 ・75％未満：－20点
	Ⅱ　過去3年間の専門級・上級程度の介護技能実習評価試験の実技試験等（他職種の技能実習評価試験も含む。）の合格率 ＜計算方法＞ 分母：技能実習生の2号・3号修了者数 　　　－うちやむを得ない不受検者数 　　　＋旧制度の技能実習生の受験者数 分子：（専門級合格者数＋上級合格者数×1.5）×1.2 　＊　旧制度の技能実習生の受検実績について、施行日以後の受検実績は必ず算入。施行日前については、施行前の基準日以前の受検実績は算入しないこととすることも可。 　＊　施行後3年間については、Ⅱに代えて、Ⅱ－2(1)及び(2)で評価することも可能とする。	・80％以上：40点 ・70％以上80％未満：30点 ・60％以上70％未満：20点 ・50％以上60％未満：0点 ・50％未満：－40点

第2章　技能実習生の受入れの検討		

	Ⅱ－2(1)　直近過去3年間の専門級程度の介護技能実習評価等（他職種の技能実習評価試験も含む。）の実技試験の合格実績	・合格者3人以上：35点 ・合格者2人：25点 ・合格者1人：15点 ・合格者なし：－35点
	Ⅱ－2(2)　直近過去3年間の上級程度の介護技能実習評価試験等（他職種の技能実習評価試験も含む。）の実技試験の合格実績	・合格者2人以上：5点 ・合格者1人：3点
	Ⅲ　直近過去3年間の専門級・上級程度の介護技能実習評価試験等（他職種の技能実習評価試験も含む。）の学科試験の合格実績 ＊　専門級、上級で分けず、合格人数の合計で評価	・合格者2人以上：5点 ・合格者1人：3点
	Ⅳ　技能検定等の実施への協力 ＊　介護技能実習評価試験の試験評価者を社員等の中から輩出している場合等を想定	・有：5点
②　技能実習を行わせる体制	【最大15点】 ＊　平成30年10月31日までは配点なし	
	Ⅰ　過去3年以内の技能実習指導員の講習受講歴	・全員有：5点
	Ⅱ　過去3年以内の生活指導員の講習受講歴	・全員有：5点
	Ⅲ　過去3年以内の介護職種の技能実習指導員講習の受講歴	・全員有：5点
③　技能実習生の待遇	【最大10点】	
	Ⅰ　第1号技能実習生の賃金（基本給）のうち最低のものと最低賃金の比較	・115％以上：5点 ・105％以上115％未満：3点

	II　技能実習生の賃金に係る技能実習の各段階ごとの昇給率		・5％以上：5点 ・3％以上5％未満：3点
④　法令違反・問題の発生状況	【最大5点】		
	I　直近過去3年以内に改善命令を受けたことがあること		・改善未実施：－50点 ・改善実施：－30点
	II　直近過去3年以内における失踪がゼロ又は失踪の割合が低いこと		・ゼロ：5点 ・10％未満又は1人以下：0点 ・20％未満又は2人以下：－5点 ・20％以上又は3人以上：－10点
	III　直近過去3年以内に責めによるべき失踪があること		・該当：－50点
⑤　相談・支援体制	【最大15点】		
	I　母国語相談・支援の実施方法・手順を定めたマニュアル等を策定し、関係職員に周知していること		・有：5点
	II　受け入れた技能実習生について、全ての母国語で相談できる相談員を確保していること		・有：5点
	III　直近過去3年以内に、技能実習の継続が困難となった技能実習生に引き続き技能実習を行う機会を与えるために当該技能実習生の受入れを行ったこと		・有：5点
⑥　地域社会との共	【最大10点】		
	I　受け入れた技能実習生に対し、日本語の学習の支援を行っていること		・有：4点

生	Ⅱ　地域社会との交流を行う機会をアレンジしていること	・有：3点
	Ⅲ　日本の文化を学ぶ機会をアレンジしていること	・有：3点

（出典：介護職種運用要領第3）

※前記②のⅠ、Ⅱ及びⅢ（斜体字部分）については、平成30年11月1日以降に評価項目としてカウントするものであるため、当面はこれを除く項目で6割以上の点数（110点満点で66点以上）を獲得した場合に、「優良」と判断することとなります。

（監理団体）

[15] 監理団体の役割

Q 監理団体には、どのような役割があるのですか。

A 監理団体は、許可を受けて、実習監理を行う事業を行うこととされており（法2⑩）、具体的には、実習実施者の監査や訪問指導、入国後講習の実施、技能実習計画の作成指導、相談対応などの役割があります。

解　説

1　監　査

監査は、監理責任者の指揮の下に、3か月に1回以上の頻度で、実習実施者に対して行うこととされています。その際には、技能実習の実施状況を実地に確認することや、技能実習責任者及び技能実習指導員から報告を受けること、技能実習生の4分の1以上と面談すること等とされています（規則52一、運用要領5章2節第2(1)）。

2　訪問指導

第1号技能実習の場合は、監査とは別に、監理責任者の指揮の下に、1か月につき少なくとも1回以上、監理団体の役職員が実習実施者に赴いて技能実習の実施状況を実地に確認するとともに、認定された技能実習計画に基づいて技能実習を適正に行わせるよう必要な指導を行うこととされています（規則52三、運用要領5章2節第2(3)）。

3　入国後講習の実施

　監理団体は、第1号技能実習において、技能実習生に対して入国後講習を行わせる主体であり、入国後講習の期間中は、技能実習生が入国後講習に専念できる環境づくりに努める必要があるとされています（規則52七、運用要領5章2節第2(7)）。

4　技能実習計画の作成指導

　技能実習計画は、実習実施者が作成することとされていますが、監理団体が技能実習計画について指導するに当たっては、技能実習を行わせる事業所と技能実習生の宿泊施設を実地に確認するほか、認定基準及び出入国又は労働に関する法令への適合性の観点、適切かつ効果的に技能等の修得等をさせる観点、技能実習を行わせる環境を適切に整備する観点から指導を行わなければならないとされています（規則52八、運用要領5章2節第2(8)）。

　なお、介護職種の技能実習計画については、技能移転の対象項目ごとに詳細な計画を作成することが求められるため、適切かつ効果的に技能等の修得等をさせる観点からの技能実習計画の作成の指導については、介護福祉士等の一定の専門性を有すると認められる者が行うことが必要とされています（告示5、介護職種運用要領第6(1)）。

※一定の専門性を有すると認められる者の範囲は次のとおりとされています（告示5、解釈通知第二）。

- ・5年以上介護等の業務に従事した経験を有する者であって、介護福祉士の資格を有する者
- ・看護師、准看護師の資格を有する者であって、5年以上の実務経験を有する者
- ・介護等の業務を行う施設又は事業所の施設長又は管理者として3年以上勤務した経験を有する者

・介護支援専門員であって、5年以上介護等の業務に従事した経験を有する者

5　相談対応

　技能実習生からの相談内容に係る対応については、監理事業に従事する役職員が行わなければならず、その内容に応じて、公的機関や実習実施者の生活指導員等と連携して適切に対応する必要があります（規則52十四、運用要領5章2節第2(12)）。

　なお、監理団体に受け入れている技能実習生の国籍に応じた相談体制を整備させるため、通訳を活用する工夫も考えられます。

第 2 章　技能実習生の受入れの検討　　　63

[16]　監理団体の監査

Q　監理団体の監査について、具体的に教えてください。

A　3か月に1回以上の頻度で、実習実施者に対して行うこととされている監査では、原則として①技能実習の実施状況を実地に確認すること、②技能実習責任者及び技能実習指導員から報告を受けること、③技能実習生の4分の1以上と面談すること、④実習実施者の事業所の設備、帳簿書類等を閲覧すること、⑤技能実習生の宿泊施設等の生活環境を確認すること、が必要とされています（規則52一、運用要領5章2節第2(1)）。

解　説

1　技能実習の実施状況を実地に確認すること

　例えば、認定計画と異なる業務に従事していないか、雇用契約に基づき適切に報酬が支払われているか、旅券・在留カードの保管を行っていないか、など事実関係について確認し、技能実習計画に従って技能実習を行わせていない事実、出入国・労働関係法令に違反する事実があった場合は、指導を行うこととされています。

2　技能実習生の4分の1以上と面談すること

　1回の監査で4分の1以上の技能実習生と面談することとされているのは、年4回の監査によって、できる限り全ての技能実習生と面談することが望ましいとされているからです。

　技能実習生との面談においては、技能実習生の日本語の理解能力に

応じて、通訳人を使用したり、「最近どこでどんな仕事をしていますか」「先月の給料はいくら受け取りましたか」といった平易な日本語を用いて質問をしたりすることなどが考えられるとされています。

3　実習実施者の事業所の設備、帳簿書類等を閲覧すること
　閲覧を通して、次のような内容を確認することが想定されています。
・技能実習計画に記載された機械・器具等の設備を用いて、安全衛生面に配慮して、技能実習計画に記載されたとおりに技能実習が行われていること
・賃金台帳、タイムカードなどから確認できる技能実習生に対して支払われた報酬や労働時間が技能実習計画に記載された内容と合致していること
・技能実習生に対する業務内容・指導内容を記録した日誌から、技能実習生が技能実習計画に記載された業務を行っていること

4　技能実習生の宿泊施設等の生活環境を確認すること
　生活環境の確認を通して、次のような内容を確認することが想定されています。
・宿泊施設の衛生状況が良好であるか
・宿泊施設の1部屋当たりの実習生数が何名となっているか
・不当に私生活の自由が制限されていないか

[17] 監理団体になれる団体

Q 監理団体になれる団体はどのような団体ですか。

A 監理団体とは、非営利団体等が実習監理事業に関する制度所管省の許可を受け、その責任と監理の下で技能実習生を受け入れ、技能実習の期間を通して実習実施者が実施する技能実習が適正に行われているかを確認し、実習実施者を指導する機関（団体監理型のみの機関）です。

この実習監理事業を行おうとする者は、主務大臣の許可を得ることが求められており、監理団体として満たさなければならない要件が規定されています（法25）。

なお、監理団体の許可には、一般監理事業の許可と特定監理事業の許可の2区分があり、一般監理事業の許可を受ければ、優良な監理団体として、第1号から第3号までの全ての段階の技能実習に係る監理事業を行うことができ、特定監理事業の許可を受ければ、第1号技能実習及び第2号技能実習に係る監理事業を行うことができるとされています（法23①）。

解　説

1　監理団体となれる団体

技能実習生の受入れができる監理団体は、技能実習制度本体で次のように定められています（営利を目的とするものは認められません。）（法25①一、規則29）。

① 商工会議所又は商工会

② 中小企業団体

③ 職業訓練法人

④ 農業協同組合、漁業協同組合

⑤ 公益社団法人、公益財団法人

⑥ 前記に掲げる法人以外の法人であって、監理事業を行うことについて特別の理由があり、かつ、重要事項の決定及び業務の監査を行う適切な機関を置いているもの

　ただし、前記に示す団体であるほか、団体監理型技能実習の実施状況の監査など監理団体としての業務を適正に行うに足りる能力を有すること等の要件も満たすことが求められています。

2　介護職種を受け入れることができる監理団体

　介護職種を受け入れることができる監理団体については、介護職種告示により、次のように定められています。

① 商工会議所又は商工会

② 中小企業団体

③ 職業訓練法人

④ 公益社団法人、公益財団法人

⑤ 介護、医療又は社会福祉の発展に寄与することを目的としている全国的な団体（その支部を含みます。）であって、介護又は医療に従事する事業者により構成されている法人

　なお、⑤に該当する全国的な団体の支部として監理団体になろうとする場合にあっては、支部自体が社会福祉法人、一般社団法人又は一般財団法人等の営利を目的としない法人の法人格を有していることが必要とされています（介護職種運用要領第5）。

第2章　技能実習生の受入れの検討　　　67

[18]　監理団体の優良要件

Q　第3号技能実習生を受け入れることができる優良な監理団体の要件を教えてください。

A　第3号技能実習生を受け入れることができる監理団体は、技能実習法25条1項7号で、団体監理型技能実習の実施状況の監査その他の業務を遂行する能力につき高い水準を満たすものとして主務省令（規則31）で定める基準に適合していることとされています。

　ただし、介護職種にあっては、技能実習法施行規則31条に規定する全職種共通の優良な監理団体の基準を満たすとともに、同条1号及び2号に掲げる事項について、介護職種に係る実績等を総合的に評価して、団体監理型技能実習の実施状況の監査その他の業務を遂行する能力につき高い水準を満たすと認められるものであることが求められています（告示5二）。

解　説

1　全職種共通の優良な監理団体の基準

　後記の【全職種共通の優良な監理団体の基準】の表で6割以上の点数（120点満点で72点以上）を獲得した場合に、監理団体として「優良」であると判断することとされています（運用要領5章2節第7）。

第2章　技能実習生の受入れの検討

【全職種共通の優良な監理団体の基準】

項　目		配　点
①　団体監理型技能実習の実施状況の監査その他の業務を行う体制	【最大50点】 ＊平成31年4月1日から配点に含める	
	Ⅰ　監理団体が行う定期の監査について、その実施方法・手順を定めたマニュアル等を策定し、監査を担当する職員に周知していること。	・有：5点
	Ⅱ　監理事業に関与する常勤の役職員と実習監理を行う実習実施者の比率	・1：5未満：15点 ・1：10未満：7点
	Ⅲ　直近過去3年以内の監理責任者以外の監理団体の職員（監査を担当する者に限る。）の講習受講歴	*・60％以上：10点* *・50％以上60％未満：5点*
	Ⅳ　実習実施者の技能実習責任者、技能実習指導員、生活指導員等に対し、毎年、研修の実施、マニュアルの配布などの支援を行っていること	・有：5点
	Ⅴ　帰国後の技能実習生のフォローアップ調査に協力すること。	・有：5点
	Ⅵ　技能実習生のあっせんに関し、監理団体の役職員が送出国での事前面接をしていること。	・有：5点
	Ⅶ　帰国後の技能実習生に関し、送出機関と連携して、就職先の把握を行っていること。	・有：5点
②　技能等の修得等に係る実績	【最大40点】	
	Ⅰ　過去3年間の基礎級程度の技能検定等の学科試験及び実技試験の合格率（旧制度の基礎2級程度の合格率を含む。）	・95％以上：10点 ・80％以上95％未満：5点 ・75％以上80％未満：0点

		・75％未満：－10点
Ⅱ	過去3年間の2・3級程度の技能検定等の実技試験の合格率 　＊　計算方法は実習実施者の①Ⅱと同じ 　＊　施行後3年間については、Ⅱに代えて、Ⅱ－2(1)及び(2)で評価することも可能とする。	・80％以上：20点 ・70％以上80％未満：15点 ・60％以上70％未満：10点 ・50％以上60％未満：0点 ・50％未満：－20点
Ⅱ－2(1)	直近過去3年間の3級程度の技能検定等の実技試験の合格実績	・2以上の実習実施者から合格者を輩出：15点 ・1の実習実施者から合格者を輩出：10点 ・上記以外：－15点
Ⅱ－2(2)	直近過去3年間の2級程度の技能検定等の実技試験の合格実績	・2以上の実習実施者から合格者を輩出：5点 ・1の実習実施者から合格者を輩出：3点
Ⅲ	直近過去3年間の2・3級程度の技能検定等の学科試験の合格実績 　＊　2級、3級で分けず、合格人数の合計で評価	・2以上の実習実施者から合格者を輩出：5点 ・1の実習実施者から合格者を輩出：3点
Ⅳ	技能検定等の実施への協力 　＊　傘下の実習実施者が、技能検定委員（技能検定における学科試験及び実技試験の問題の作成、採点、実施要領の作成や検定試験会場での指導監督などを職務として行う者）又は技能実習評価試験において技能検定委員に相当する者を社員等の中から輩出している場合や、実技試験の実施に必要とされる機材・設備等の貸与等を行っている場合を想定	・1以上の実習実施者から協力有：5点

③ 法令違反・問題の発生状況	【最大5点】	
	Ⅰ　直近過去3年以内に改善命令を受けたことがあること（旧制度の改善命令相当の行政指導を含む。）	・改善未実施：－50点 ・改善実施：－30点
	Ⅱ　直近過去3年以内における失踪がゼロ又は失踪の割合が低いこと（旧制度を含む。）	・ゼロ：5点 ・10％未満又は1人以下：0点 ・20％未満又は2人以下：－5点 ・20％以上又は3人以上：－10点
	Ⅲ　直近過去3年以内に責めによるべき失踪があること（旧制度を含む。）	・該当：－50点
	Ⅳ　直近過去3年以内に傘下の実習実施者に不正行為があること（監理団体が不正を発見して機構（旧制度では地方入国管理局）に報告した場合を除く。）	・計画認定取消し（実習監理する実習実施者の数に対する認定を取り消された実習実施者（旧制度で認定取消し相当の行政指導を受けた者を含む。）の数の割合） 15％以上　－10点 10％以上15％未満 　－7点 5％以上10％未満 　－5点 0％を超え5％未満 　－3点 ・改善命令（実習監理する実習実施者の数に対する改善命令を受けた実習実施者（旧制度で改善命令相当の行政指導を受けた者を含む。）

第2章　技能実習生の受入れの検討　　71

			の数の割合）
			15％以上　　－5点
			10％以上15％未満 　　　　　　－4点
			5％以上10％未満 　　　　　　－3点
			0％を超え5％未満 　　　　　　－2点
④　相談・支援体制	【最大15点】		
	Ⅰ　機構・監理団体が実施する母国語相談・支援の実施方法・手順を定めたマニュアル等を策定し、関係職員に周知していること	・有：5点	
	Ⅱ　技能実習の継続が困難となった技能実習生（他の監理団体傘下の実習実施者で技能実習を行っていた者に限る。）に引き続き技能実習を行う機会を与えるための受入れに協力する旨の機構への登録を行っていること。	・有：5点	
	Ⅲ　直近過去3年以内に、技能実習の継続が困難となった技能実習生（他の監理団体傘下の実習実施者で技能実習を行っていた者に限る。）に引き続き技能実習を行う機会を与えるために、当該技能実習生の受入れを行ったこと（旧制度下における受入れを含む。）	・有：5点	
⑤　地域社会との共生	【最大10点】		
	Ⅰ　受け入れた技能実習生に対し、日本語の学習の支援を行っている実習実施者を支援していること	・有：4点	
	Ⅱ　地域社会との交流を行う機会をアレン	・有：3点	

	ジしている実習実施者を支援していること	・有：3点
	Ⅲ　日本の文化を学ぶ機会をアレンジしている実習実施者を支援していること	・有：3点

（出典：運用要領5章2節第7）

※　前記①のⅢ（斜体字部分）については、講習の整備から1年後に評価項目としてカウントするものであるため、当面はこれを除く項目で6割以上（110点満点で66点以上）を獲得した場合に、「優良」と判断することとなります。

2　介護職種の優良な監理団体の基準

　後記の【介護職種の優良な監理団体の基準】の表で6割以上の点数（80点満点で48点以上）を獲得した場合に、介護職種における監理団体として「優良」であると判断することとされています（介護職種運用要領第6(2)）。

【介護職種の優良な監理団体の基準】

	項　　目	配　　点
①　介護職種における団体監理型技能実習の実施状況の監査その他の業務を行う体制	【最大40点】	
	Ⅰ　介護職種の実習実施者に対して監理団体が行う定期の監査について、その実施方法・手順を定めたマニュアル等を策定し、監査を担当する職員に周知していること。	・有：5点
	Ⅱ　介護職種の監理事業に関与する常勤の役職員と実習監理を行う介護職種の実習実施者の比率	・1：5未満：15点 ・1：10未満：7点
	Ⅲ　介護職種の実習実施者の技能実習責任者、技能実習指導員、生活指導員等に対し、毎年、研修の実施、マニュアルの配布などの支援を行っていること	・有：5点
	Ⅳ　帰国後の介護職種の技能実習生のフォ	・有：5点

		ローアップ調査に協力すること。	・有：5点
	Ⅴ　介護職種の技能実習生のあっせんに関し、監理団体の役職員が送出国での事前面接をしていること。		・有：5点
	Ⅵ　帰国後の介護職種の技能実習生に関し、送出機関と連携して、就職先の把握を行っていること。		・有：5点
②　介護職種における技能等の修得等に係る実績	【最大40点】		
	Ⅰ　過去3年間の初級の介護技能実習評価試験の学科試験及び実技試験の合格率		・95％以上：10点 ・80％以上95％未満：5点 ・75％以上80％未満：0点 ・75％未満：－10点
	Ⅱ　過去3年間の専門級、上級の介護技能実習評価試験の実技試験の合格率 ＜計算方法＞ 分母：技能実習生の2号・3号修了者数 　　　－うちやむを得ない不受検者数 分子：（専門級合格者数＋上級合格者数×1.5）×1.2		・80％以上：20点 ・70％以上80％未満：15点 ・60％以上70％未満：10点 ・50％以上60％未満：0点 ・50％未満：－20点
	Ⅲ　直近過去3年間の専門級、上級の介護技能実習評価試験の学科試験の合格実績 ＊　専門級、上級で分けず、合格人数の合計で評価		・2以上の実習実施者から合格者を輩出：5点 ・1の実習実施者から合格者を輩出：3点
	Ⅳ　技能検定等の実施への協力 ＊　傘下の実習実施者が、介護技能実習評価試験の試験評価者を社員等の中から輩出している場合を想定		・1以上の実習実施者から協力有：5点

（出典：介護職種運用要領第6(2)）

[19] 監理費の内容

Q 監理団体に支払う**監理費**とは何ですか。

A 監理費とは、職業紹介や講習の実施、監査指導等に要する費用として、監理団体が実習実施者等から徴収する費用です。

監理費については、監理事業に通常要する経費等を勘案して定められた適正な種類及び額を、実習実施者等へあらかじめ用途及び金額を明示した上で徴収することができることとされています（法28、規則37）。

解説

1 監理費の具体的内容

技能実習法施行規則37条で定める種類及び額、徴収方法は次のとおりです。

種　類	額	徴収方法
職業紹介費	実習実施者等と技能実習生等との間における雇用関係の成立の斡旋に係る事務に要する費用（募集及び選抜に要する人件費、交通費、外国の送出機関へ支払う費用その他の実費に限る。）の額を超えない額	実習実施者等から求人の申込みを受理した時以降に当該実習実施者等から徴収する。
講習費（第1	監理団体が実施する入国前講習及び入国後講習に要する費用	入国前講習に要する費用にあっては入国前講習の開始日以

第2章　技能実習生の受入れの検討　　75

号技能実習に限る。）	（監理団体が支出する施設使用料、講師及び通訳人への謝金、教材費、第1号技能実習生に支給する手当その他の実費に限る。）の額を超えない額	降に、入国後講習に要する費用にあっては入国後講習の開始日以降に、実習実施者等から徴収する。
監査指導費	技能実習の実施に関する監理に要する費用（実習実施者に対する監査及び指導に要する人件費、交通費その他の実費に限る。）の額を超えない額	技能実習生が実習実施者の事業所において業務に従事し始めた時以降一定期間ごとに当該実習実施者から徴収する。
その他諸経費	その他技能実習の適正な実施及び技能実習生の保護に資する費用（実費に限る。）の額を超えない額	当該費用が必要となった時以降に実習実施者等から徴収する。

　前記以外の場合は、いかなる名義でも手数料又は報酬を徴収することはできないとされています。

　さらに、技能実習生等からは、直接的又は間接的にも、負担を求めることはできないこととされています（運用要領5章5節）。

　なお、社会福祉法人における監理費の支弁については、社会福祉法人が、介護職種の技能実習生を受け入れるに当たり、実習実施者として必要となる監理費を支出することは認められるものとされています（平29・9・29社援基発0929第1）。

2　監理費に係る管理簿

　監理団体は、実習実施者から監理費を徴収した場合には、その収支を明らかにするために、監理費管理簿を作成し、事業所に備え置かなければならないとされています（法41、規則54）。

（技能実習生）

[20] 技能実習生の要件

どのような人が介護職種の技能実習生として日本に来るのでしょうか。

技能修得を目的に来日する技能実習生は、
・18歳以上であること
・制度の趣旨を理解して技能実習を行おうとする者であること
・本国に帰国後本邦において修得等をした技能等を要する業務に従事することが予定されていること
等がその要件として技能実習制度本体において定められています。

また、介護職種の技能実習では、介護固有要件として第1号・第2号技能実習生に日本語能力要件が設定されています（[21]参照）。

解　説

1　共通事項

団体監理型技能実習・企業単独型技能実習に共通する技能実習生の要件は、技能実習法施行規則10条2項3号によって以下のように定められています。
・18歳以上であること
・制度の趣旨を理解して技能実習を行おうとする者であること
・本国に帰国後本邦において修得等をした技能等を要する業務に従事することが予定されていること
・同じ技能実習の段階（第1号技能実習、第2号技能実習又は第3号技能

実習の段階をいいます。）に係る技能実習を過去に行ったことがな
いこと（やむを得ない事情がある場合を除きます。）

※第3号技能実習については、第2号技能実習の終了後本国に1か月以
　上帰国してから第3号技能実習を開始するものであること、と定め
　られています。

2　団体監理型技能実習

　団体監理型技能実習に係る技能実習生の要件は、技能実習法施行規
則10条2項3号ホ・ヘによって以下のように定められています。

・本邦において従事しようとする業務と同種の業務に外国において従
　事した経験を有すること又は団体監理型技能実習に従事することを
　必要とする特別な事情があること

　（例）

　　　・外国における高齢者又は障害者の介護施設又は居宅等におい
　　　　て、高齢者又は障害者の日常生活上の世話、機能訓練又は療養
　　　　上の世話等に従事した経験を有する者

　　　・外国における看護課程を修了した者又は看護師資格を有する者

　　　・外国の政府による介護士認定等を受けた者

　　　　等（解釈通知第一・一1(1)）

・当該者が国籍又は住所を有する国又は地域の公的機関から推薦を受
　けて技能実習を行おうとする者であること

3　企業単独型技能実習

　企業単独型技能実習に係る技能実習生の要件は、技能実習法施行規
則10条2項3号ニによって以下のように定められています。

・申請者の外国にある事業所又は技能実習法2条の外国の公私の機関
　の外国にある事業所の常勤の職員であり、かつ、当該事業所から転
　勤し、又は出向する者であること

[21] 日本語能力要件

Q 日本語能力要件について具体的に教えてください。

A 技能実習制度の目的である技能修得のためには日本語能力の修得が不可欠です。技能実習制度本体では日本語能力要件は設定されていませんが、介護は対人サービスであるため、入国時と第2号技能実習移行時に以下の日本語能力要件が設定されています。

・入国時（第1号技能実習開始時）…日本語能力試験のN4に合格している者その他これと同等以上の能力を有すると認められる者（告示1—イ）
・第2号技能実習移行時…日本語能力試験のN3に合格している者その他これと同等以上の能力を有すると認められる者（告示1—ロ）

解説

1 日本語能力試験

日本語能力を証明する代表的な試験は、独立行政法人国際交流基金と公益財団法人日本国際教育支援協会が共催で実施している「日本語能力試験（JLPT：Japanese-Language Proficiency Test）」です。

日本語能力試験はN1〜N5まで五つのレベルがあり、一番易しいレベルがN5、一番難しいレベルがN1です（平成21年度までは一番易しいレベルの4級から、一番難しいレベルの1級の四つのレベルでした。）。

各レベルの認定の目安は「読む」「聞く」というインプットの能力で

表されます。各レベルの認定の目安は後掲【表1】のとおりです。

日本語能力試験は7月と12月の年2回行われます。平成29年には国内47都道府県、海外は80の国・地域、239都市で実施されました。海外では実施が7月又は12月のみの都市がありますので、実施状況は日本語能力試験JLPTホームページで確認してください。

2　日本語能力試験との対応関係が明確にされている試験

第1号技能実習生の日本語能力要件は「日本語能力試験のN4に合格している者その他これと同等以上の能力を有すると認められる者であること」とされており、「これと同等以上の能力を有すると認められる者」は、日本語能力試験との対応関係が明確にされている日本語能力を評価する試験における日本語能力試験N4に相当するものに合格している者とされています。

具体例としては、「J.TEST実用日本語検定」（特定非営利活動法人日本語検定協会が実施）と「日本語NAT-TEST」（株式会社専門教育出版が実施）が示されています（解釈通知第一・一1(2)）（第2号技能実習生についても、日本語能力試験N3について、同様に規定されています。）。

「J.TEST実用日本語検定」は、中級～上級者向けの「A-Dレベル試験」（1000点満点：読解500点、聴解500点）と初級者向けの「E-Fレベル試験」（500点満点：読解300点、聴解200点）があります。「A-Dレベル試験」「E-Fレベル試験」とも、年6回（1月、3月、5月、7月、9月、11月）実施されています。「E-Fレベル試験」350点以上が「N4」相当、「A-Dレベル試験」400点～450点が「N3」相当とされています（後掲【表2】参照）。

「日本語NAT-TEST」は年6回（2月、4月、6月、8月、10月、12月）実施されています。レベルは日本語能力試験と同様に五つのレベルに

なっており、一番易しいのが5級、一番難しいのが1級となっています。4級が「N4」相当、3級が「N3」相当とされています（後掲【表2】参照）。

　入国時に日本語能力試験N4程度、第2号技能実習移行時に日本語能力試験N3程度に到達しない場合は、技能実習を実施・継続することができなくなりますので、計画的に日本語学習を進める必要があります。

　なお、国際・アジア健康構想協議会（事務局：内閣官房健康・医療戦略室）において、平成30年内の実施を目途に、民間事業者による「介護現場でのコミュニケーションに重点を置いた新たな日本語テスト」の検討が進められています。

【表1：日本語能力試験N1〜N5の認定の目安】

難しい ↑	レベル	認定の目安
	N1	幅広い場面で使われる日本語を理解することができる 読む・幅広い話題について書かれた新聞の論説、評論など、論理的にやや複雑な文章や抽象度の高い文章などを読んで、文章の構成や内容を理解することができる。 ・様々な話題の内容に深みのある読み物を読んで、話の流れや詳細な表現意図を理解することができる。 聞く・幅広い場面において自然なスピードの、まとまりのある会話やニュース、講義を聞いて、話の流れや内容、登場人物の関係や内容の論理構成などを詳細に理解したり、要旨を把握したりすることができる。
	N2	日常的な場面で使われる日本語の理解に加え、より幅広い場面で使われる日本語をある程度理解することができる 読む・幅広い知識について書かれた新聞や雑誌の記事・解説、平易な評論など、論旨が明快な文章を読んで文章の内容を理解することができる。 ・一般的な話題に関する読み物を読んで、話の流れや表現

第2章　技能実習生の受入れの検討　　81

		意図を理解することができる。
		聞く・日常的な場面に加えて幅広い場面で、自然に近いスピードの、まとまりのある会話やニュースを聞いて、話の流れや内容、登場人物の関係を理解したり、要旨を把握したりすることができる。
N3		日常的な場面で使われる日本語をある程度理解することができる
		読む・日常的な話題について書かれた具体的な内容を表す文章を、読んで理解することができる。
		・新聞の見出しなどから情報の概要をつかむことができる。
		・日常的な場面で目にする範囲の難易度がやや高い文章は、言い換え表現が与えられれば、要旨を理解することができる。
		聞く・日常的な場面で、やや自然に近いスピードのまとまりのある会話を聞いて、話の具体的な内容を登場人物の関係などとあわせてほぼ理解できる。
N4		基本的な日本語を理解することができる
		読む・基本的な語彙や漢字を使って書かれた日常生活の中でも身近な話題の文章を、読んで理解することができる。
		聞く・日常的な場面で、ややゆっくりと話される会話であれば、内容がほぼ理解できる。
N5		基本的な日本語をある程度理解することができる
		読む・ひらがなやカタカナ、日常生活で用いられる基本的な漢字で書かれた定型的な語句や文、文章を読んで理解することができる。
		聞く・教室や、身の回りなど、日常生活の中でもよく出会う場面で、ゆっくり話される短い会話であれば、必要な情報を聞き取ることができる。

易しい　　　　　　　　　　　（日本語能力試験JLPTホームページを参考に作成）

第2章　技能実習生の受入れの検討

【表2：日本語能力試験N3・N4とJ.TEST実用日本語検定、日本語
　NAT-TESTの対応関係】

日本語能力試験	J.TEST実用日本語検定	日本語NAT-TEST
N3	「A-Dレベル試験」 400点〜450点/1000点	3級
N4	「E-Fレベル試験」 350点〜/500点	4級

（J.TEST実用日本語検定ホームページ、日本語NAT-TESTホームページを参
考に作成）

[22] 候補者の選定

Q 技能実習生を選定する際、技能実習生の候補者と面談等をすることはできるのでしょうか。

A 制度上、必ずしも技能実習生の候補者と面談をしなければならないわけではありませんが、多くの場合、監理団体側で、面談の機会を設けていると考えられます。

したがって、監理団体を選定する際、事前の面談ができるか確認する等の方法をとることが考えられます。

解説

監理団体を定め、受け入れたい人数や技能実習生像について、監理団体等と共有すれば、その要請に応じて、監理団体が技能実習生の候補者を選定することになります。

受入予定の事業所の担当者は、この選定結果を踏まえ、受け入れる技能実習生を定めるための面談を行う流れとなることが想定されます。

なお、技能実習生は、多くの経費をかけて入国し、最大5年間技能修得活動を行うことになります。最後まで高い意欲を継続できる人材を、入国前の段階で、しっかりと見極めることが求められます。

[23] 講習の内容

Q 講習で、技能実習生はどのようなことを学ぶのでしょうか。

A 団体監理型技能実習では、実習開始前に講習を実施することが定められています（規則10②七ニ）。講習を入国後から実施する場合は、一般的に2か月（320時間）以上、①日本語、②日本での生活一般に関する知識、③技能実習生の法的保護等に必要な情報、④日本での円滑な技能等の修得等に資する知識について行うこととされています。

講習は基本的に前記の技能実習制度本体の仕組みによりますが、介護職種では日本語能力要件が設定されていることと、介護に関する基礎的な事項を学ぶという講習の趣旨を踏まえ、日本語学習と技能等の修得等に資する知識（介護導入講習）について、介護固有要件が設定されています。

解説

1 日本語学習と技能等の修得等に資する知識（介護導入講習）の時間数

技能実習制度本体では、講習の各科目の時間数の割合は定められていませんが、介護職種の技能実習では、日本語学習の教育内容・時間数の標準が後記表のように示されており、各監理団体において設定することとされています（告示1ニイ）。

なお、日本語能力試験N3程度以上の日本語能力を有する技能実習生については、介護現場での日本語を学習するという観点から、日本語学習のうちの「発音」「会話」「作文」「介護の日本語」の所定の時間

第2章　技能実習生の受入れの検討　　85

数（80時間。教育内容・時間数については標準として設定）の受講を
要件とし、その他の項目は、実習生に応じて、柔軟に設定できること
とするとされています（告示1二ロ）。

【日本語学習】

【日本語能力試験N3程度以上
　の日本語能力を有する場合の
　日本語学習】

教育内容	時間数（※）
総合日本語	100(90)
聴　解	20(18)
読　解	13(11)
文　字	27(24)
発　音	7(6)
会　話	27(24)
作　文	6(5)
介護の日本語	40(36)
合　計	240

教育内容	時間数（※）
総合日本語	－
聴　解	－
読　解	－
文　字	－
発　音	7(6)
会　話	27(24)
作　文	6(5)
介護の日本語	40(36)
合　計	80

※日本語学習の各教育内容の時間数については上記を標準として設定する
　こととされています。なお、（　）内に記載した時間数が最低限の時間数
　として求められます。

　技能等の修得等に資する知識（介護導入講習）の教育内容と時間数
は以下のとおりです（告示1二ニ）。

【介護導入講習】

教育内容	時間数
介護の基本Ⅰ・Ⅱ	6

コミュニケーション技術	6
移動の介護	6
食事の介護	6
排泄の介護	6
衣服の着脱の介護	6
入浴・身体の清潔の介護	6
合　計	42

2　日本語学習と技能等の修得等に資する知識（介護導入講習）の講師要件

　技能実習制度本体では、団体監理型技能実習において、技能実習生の法的保護等に関する科目は専門的な知識を有する外部講師により行うことと定められており（規則10②ヘロ(3)）、日本語、日本での円滑な技能等の修得等に資する知識については講師要件が定められていませんが、介護職種の技能実習では、日本語学習と技能等の修得等に資する知識（介護導入講習）に介護固有の講師要件が定められています。

(1)　日本語学習の講師要件

　介護職種告示1条2号ハ、介護職種解釈通知第一・一2(1)②において、日本語学習の講師要件は、次のいずれかの条件を満たす者と定められています。

・大学又は大学院で日本語教育課程を履修し、卒業又は修了した者
・大学又は大学院で日本語教育に関する科目の単位を26単位以上修得して卒業又は修了した者
・日本語教育能力検定試験に合格した者
・学士の学位を有し、日本語教育に関する研修で適当と認められるものを修了した者

・海外の大学又は大学院で日本語教育課程を履修し、卒業又は修了した者
・学士の学位を有する者であって、技能実習計画の認定の申請の日から遡り3年以内の日において日本語教育機関で日本語教員として1年以上従事した経験を有し、かつ、現に日本語教育機関の日本語教員の職を離れていないもの

(2) 技能等の修得等に資する知識（介護導入講習）の講師要件

介護職種告示1条2号ホ、介護職種解釈通知第一・一2(2)②において、技能等の修得等に資する知識（介護導入講習）の講師要件は、次のいずれかの条件を満たす者と定められています。

・介護福祉士養成施設の教員として、介護の領域の講義を教授した経験を有する者
・福祉系高校の教員として、生活支援技術等の講義を教授した経験を有する者
・実務者養成研修の講師として、生活支援技術等の講義を教授した経験を有する者
・初任者研修の講師として、生活支援技術等の講義を教授した経験を有する者
・特例高校の教員として、生活支援技術等の講義を教授した経験を有する者

3 入国前講習を実施した場合の取扱い

技能実習制度本体において、1か月以上の期間かつ160時間以上の入国前講習を行えば、入国後講習は1か月に短縮可能とされています。

介護職種については、日本語学習の科目について240時間以上（日本語能力試験N3程度以上の日本語能力を有する場合は80時間以上）、技能等の修得等に資する知識（介護導入講習）の科目について42時間以

上の講義を行う必要がありますが、入国前講習において、各科目について所定の時間数の2分の1以上の時間数の講義を行った場合には、入国後講習において2分の1を上限として各科目の時間数を短縮できます（各教育内容については講義を行った時間数の分だけ短縮可能です。）。

　入国後講習の時間数を短縮する場合については、入国前講習における教育内容と講師が入国後講習と同様の要件を満たしている必要がありますが、入国前講習の日本語学習の科目の講義については、「外国の大学又は大学院を卒業又は修了し、かつ、申請の日から遡り3年以内の日において外国における日本語教育機関の日本語教員として1年以上の経験を有し、現に日本語教員の職を離れていない者」も講師として認められます。

第 3 章

技能実習生の 受入体制の整備 と受入れの実施

90

第3章　技能実習生の受入体制の整備と受入れの実施　　91

（技能実習計画）

[24]　技能実習計画の概要

Q　技能実習計画にはどのようなことを記載するのでしょうか。

A　技能実習を行うには、技能実習計画を作成し、外国人技能実習機構による技能実習計画の認定を受ける必要があります。技能実習計画には、技能実習を行わせる事業所名、技能実習生の氏名、待遇等を記載します。

　認定を受けた計画と実際の実習の内容が異なったものであった場合は改善措置を講じる必要があり、その対応によっては、罰則が適用されることもあります。

解　説

1　技能実習計画の位置付け

　技能実習を実施するためには、実習実施者は監理団体の指導に基づき技能実習計画を作成し、実習実施者が外国人技能実習機構に技能実習計画の認定申請を行い、その認定を受けなければなりません（法8）。

　技能実習計画の認定事務は、外国人技能実習機構が行うこととされています（法12）。

　実習実施者は、技能実習生ごとに技能実習計画を作成し、認定を受けることができるとされており、当該技能実習計画の適切性の担保のため、認定基準が設けられています（法8・9）。

2 技能実習計画の記載事項

技能実習計画の記載事項は以下のとおりです（法8②）。

① 本邦の個人又は法人の氏名又は名称及び住所並びに法人にあっては、その代表者の氏名

② 法人にあっては、その役員の氏名及び住所

③ 技能実習を行わせる事業所の名称及び所在地

④ 技能実習生の氏名及び国籍

⑤ 技能実習の区分

⑥ 技能実習の目標、内容及び期間

⑦ 技能実習を行わせる事業所ごとの技能実習の実施に関する責任者の氏名

⑧ 団体監理型技能実習に係るものである場合は、実習監理を受ける監理団体の名称及び住所並びに代表者の氏名

⑨ 報酬、労働時間、休日、休暇、宿泊施設、技能実習生が負担する食費及び居住費その他の技能実習生の待遇

⑩ その他主務省令で定める事項

また、技能実習計画の認定申請の添付書類を提出することとなります（運用要領別紙②）。添付書類の種類は設問末尾の表のとおりです。

3 技能実習計画の変更等

実習実施者は、認定を受けた技能実習計画について、技能実習計画に記載された事項を変更しようとするときは、記載の変更の程度（重要な変更、通常の変更又は些細な変更）に応じた対応が必要となります。

実習実施者が認定計画に従って技能実習を行わせていないことが機構等の調査の結果明らかとなり、技能実習の適正な実施を確保するために必要があると認めるときは、主務大臣が改善命令を行う場合があ

第3章　技能実習生の受入体制の整備と受入れの実施　　93

ります（法15①）。

　改善命令が発せられた場合、実習実施者は、期限内に命じられた事項について、改善措置を講じる必要があります。この改善命令に従わない場合や、改善措置が適切な措置であると認められない場合には、技能実習計画の取消事由となるほか、罰則（6か月以下の懲役又は30万円以下の罰金）の対象ともなります（法16六・111一）。

　さらに改善命令を受けた実習実施者は、改善命令を受けた旨を公示されることとなりますので、不適切な受入れを行っていたことが周知の事実となります（法15②）。

別紙②

技能実習計画の認定申請の添付書類一覧（6－1）

番号	必要な書類	様式番号	技能実習の区分 A (1号イ)	B (2号イ)	C (3号イ)	D (1号ロ)	E (2号ロ)	F (3号ロ)	留意事項
1	申請者の概要書	参考様式第1-1号	○1	○1	○1	○1	○1	○1	複数の法人が共同で技能実習を行わせる場合には、法人ごとに1枚ずつ作成すること。
2	登記事項証明書	-	○1	○1	○1	○1	○1	○1	
3	直近2事業年度の貸借対照表の写し	-	○2	○2	○2	○2	○2	○2	直近の事業年度で債務超過がある場合、中小企業診断士、公認会計士等の企業評価を行う能力を有すると認められる者が作成する第三者による改善の見通しについて評価を行った書類の提出も必要。
4	直近2事業年度の損益計算書又は収支計算書の写し	-	○2	○2	○2	○2	○2	○2	
5	直近2事業年度の法人税の確定申告書の写し		○2	○2	○2	○2	○2	○2	税務署の受付印があるものに限る。
6	直近2事業年度の法人税の納税証明書	申請者が法人の場合	○2	○2	○2	○2	○2	○2	納税証明書「その2」の所得金額の証明の提出が必要。
7	役員の住民票の写し	-							・役員全員の提出が必要。技能実習に関する業務の執行に直接的に関与しない役員に関しては、住民票に代えて、誓約書（技能実習に関する業務の執行に直接的に関与しない役員と法令に定める欠格事由に該当する者でない旨について申請者が確認し、誓約したもの。様式は機構HPを参照の提出でもよい。） ・マイナンバーの記載がないもの。 ・日本人の場合は、本籍の記載があるもの。 ・外国人等、在留資格、在留期間（在留期間の満了の日、在留カード番号の記載があるもの。 ・特別永住者の場合は、特別永住者であること、特別永住者証明書番号である旨、特別永住者証明書番号の記載があるもの。

（注）技能実習の区分の欄のうち、必ず提出が必要なもの
○印は、必ず提出が必要なもの
○1印は、過去3年以内に他の技能実習計画に関し機構への申請又は届出により提出したものと内容が変更（経年による変更を除く）がない場合に提出が不要なもの
○2印は、過去5年以内に同一の技能実習計画に関し機構への申請又は届出により提出したものと内容が変更（経年による変更を除く）がない場合に提出が不要なもの
△印は、実習先変更により新たな技能実習生を受け入れる場合に提出が必要なもの
×印は、提出が不要なもの

第3章　技能実習生の受入体制の整備と受入れの実施　　95

技能実習計画の認定申請の添付書類一覧　（6−2）

番号	必要な書類	様式番号	技能実習の区分						留意事項
			A (1号イ)	B (2号イ)	C (3号イ)	D (1号ロ)	E (2号ロ)	F (3号ロ)	
8	申請者の住民票の写し（申請者が個人事業主の場合）	－	○1	○1	○1	○1	○1	○1	・マイナンバーの記載がないもの。 ・日本人の場合は、本籍の記載があるもの。 ・外国人（特別永住者を除く）の場合は、国籍等、在留資格、在留期間、在留期限の満了の日、在留カード番号の記載があるもの。 ・特別永住者の場合は、特別永住者である旨、特別永住者証明書番号の記載があるもの。
9	直近2年度の納税申告書の写し	－	○1	○1	○1	○1	○1	○1	税務署の受付印があるものに限る。
10	技能実習を行わせる理由書	参考様式第1-22号	◎	○2 △	○2 △	◎	○2 △	○2 △	
11	複数の職種及び作業に係る技能実習を行わせる理由書	参考様式第1-30号	◎	○2 △	○2 △	◎	○2 △	○2 △	複数の職種及び作業に係る技能実習を行わせる場合に提出が必要。
12	複数の法人が同一で技能実習生を受け入れる理由書	様式自由	◎	○1	○1	◎	○1	○1	複数の法人が申請者となり共同で技能実習を行わせようとする場合に提出が必要。
13	技能実習の推薦状	参考様式第1-23号	×	×	×	◎	○2	○2	
14	再度同じ段階の技能実習を行う理由書	様式自由	◎	◎	◎	◎	◎	◎	過去に同じ段階の技能実習を行ったことがある場合で再度技能実習を行おうとする場合に提出が必要。
15	技能実習計画における事業内容・使用する素材・材料・機械設備、製品等の例など技能実習の内容を明らかにするための資料として、写真付きの工程表（フローチャート）	様式自由	○1	×	×	○1	×	×	移行対象職種・作業でない場合に提出が必要。
16	技能実習生の申告書	参考様式第1-20号	◎	○2	○2	◎	○2	○2	
17	技能実習生の履歴書	参考様式第1-3号	◎	○2	○2	◎	○2	○2	

（注）技能実習の区分の欄のうち、
　◎印は、必ず提出が必要なもの
　○1印は、過去3年以内に他の技能実習計画に関し機構への申請又は届出をした際に提出したものと内容に変更（軽微による変更を除く）がない場合に提出が不要なもの
　○2印は、過去5年以内に同一の技能実習に関し機構に提出したものと内容に変更（軽微による変更を除く）がない場合に提出が不要なもの
　△印は、実習実施者による変更前に新たな技能実習生を受け入れる場合に提出が必要なもの
　×印は、提出が不要なもの

技能実習計画の認定申請の添付書類一覧　（6－3）

番号	必要な書類	様式番号	A (1号イ)	B (2号イ)	C (3号イ)	D (1号ロ)	E (2号ロ)	F (3号ロ)	留意事項
18	外国の所属機関による証明書（企業単独型技能実習）	参考様式第1-12号	◎	○2	○2	×	×	×	
19	外国の所属機関の概要書（企業単独型技能実習）	参考様式第1-11号	◎	○2	○2	×	×	×	
20	同種業務従事経歴等証明書（団体監理型技能実習）	参考様式第1-27号	×	×	×	○2	○2	○2	
21	次の①～③のうちいずれかわかる資料 ①外国の所属機関による証明書（団体監理型技能実習） ②教育機関の概要書、外国の公的機関若しくは教育機関又は外国の公私の機関が実施した教育若しくは研修を受けた科目について当該教育機関が実施した場合は、技能実習生が研修を受けた科目一覧表 ③技能実習を行わせる理由書、訓練実施予定表、訓練実習一覧表	①参考様式第1-28号 ②参考様式第1-33号、証明書 ③参考様式第1-22、1-34.1-35号	×	○2	×	◎	○2	○2	（①の場合）で所属して本国を出国する時点に所属している勤務先に提出が必要。
22	外国の事業所が登記・登録されていることを証する公的な書類	―	◎	○1	○1	×	×	×	規則第2条第1号に該当することを立証する場合に提出が必要。
23	1年以上の取引実績又は過去1年間に10億円以上の取引額があることを証する信用状況又は所得証券・航空貨物通送状を含む。）の写し	―	◎	○1	○1	×	×	×	規則第2条第1号に該当することを立証する場合に提出が必要。
24	外国の準備機関の概要書及び誓約書	参考様式第1-13号	◎	○2	○2	◎	○2	○2	所属機関（勤務先）以外に技能実習の実施に関与する機関、手続の代行機関）がある場合に提出が必要。
25	技能実習計画の認定に関する取次送出機関の誓約書	参考様式第1-10号	×	×	×	◎	○2	○2	
26	技能実習の準備に関し本国で支払った費用の明細書	参考様式第1-21号	×	×	×	◎	○2	○2	
27	申請者の誓約書	参考様式第1-2号	◎	◎	◎	◎	◎	◎	
28	監理団体と実習実施者の間の実習監理に係る契約書又はこれに代わる書類の写し	様式自由	×	×	×	○1	○1	○1	契約書に代わる書類として、監理団体（組合）と実習実施者（組合員）との関係を規定している書類（組合の規約及び当該実習実施者が当該規約に係る組合員として実習監理を受けることがわかる書類の提出も可能。

(注) 技能実習の区分の欄のうち、
◎印は、必ず提出が必要なもの。
○1印は、過去3年以内に他の技能実習計画に関し機構への申請又は届出により提出したものと内容に変更（経年による変更を除く）がない場合に提出が不要なもの
○2印は、過去5年以内に同一の申請又は届出により提出したものと内容に変更（経年による変更を除く）がない場合に提出が不要なもの
◎印は、実習先変更により新たな技能実習生を受け入れる場合に提出が必要なもの
×印は、提出が不要なもの

第3章　技能実習生の受入体制の整備と受入れの実施

技能実習計画の認定申請の添付書類一覧　（6－4）

番号	必要な書類	様式番号	技能実習の区分 A (1号イ)	B (2号イ)	C (3号イ)	D (1号ロ)	E (2号ロ)	F (3号ロ)	留意事項
29	団体監理型技能実習生と取次送出機関との間の技能実習に係る契約書の写し	様式自由	×	×	×	◎	○2	○2	
30	技能実習責任者の履歴書	参考様式第1-4号	○1	○1	○1	○1	○1	○1	
31	技能実習責任者の社会保険・労働保険の加入状況を証する書類（健康保険等の被保険者証などの写し）	-	○1	○1	○1	○1	○1	○1	
32	技能実習責任者の就任承諾書及び誓約書などの写し	参考様式第1-5号	○1	○1	○1	○1	○1	○1	
33	技能実習指導員の履歴書	参考様式第1-6号	○1	○1	○1	○1	○1	○1	
34	技能実習指導員の社会保険・労働保険の加入状況を証する書類（健康保険等の被保険者証などの写し）	-	○1	○1	○1	○1	○1	○1	
35	技能実習指導員の就任承諾書及び誓約書などの写し	参考様式第1-7号	○1	○1	○1	○1	○1	○1	
36	生活指導員の履歴書	参考様式第1-8号	○1	○1	○1	○1	○1	○1	
37	生活指導員の社会保険・労働保険の加入状況を証する書類（健康保険等の被保険者証などの写し）	-	○1	○1	○1	○1	○1	○1	
38	生活指導員の就任承諾書及び誓約書の写し	参考様式第1-9号	○1	○1	○1	○1	○1	○1	
39	技能実習のための雇用契約書の写し	参考様式第1-14号	◎	◎	◎	◎	◎	◎	
40	雇用条件書の写し	参考様式第1-15号	◎	◎	◎	◎	◎	◎	
41	技能実習の報酬に関する説明書	参考様式第1-16号	◎	◎	◎	◎	◎	◎	
42	宿泊施設の適正についての確認書	参考様式第1-17号	◎	○1△	○1△	◎	○1△	○1△	
43	徴収費用の説明書	参考様式第1-18号	◎	◎	◎	◎	◎	◎	
44	技能実習の期間中の待遇に関する重要事項説明書	参考様式第1-19号	◎	◎	◎	◎	◎	◎	

（注）技能実習の区分の欄のうち、
◎印は、必ず提出が必要なもの。
○印は、技能実習計画に関し継続への申請又は届出により提出したものと内容に変更（経年による変更を除く）がない場合に提出が不要なもの
○1印は、過去3年以内に他の技能実習計画に関し継続への申請又は届出により提出したものと内容に変更（経年による変更を除く）がない場合に提出が不要なもの
○2印は、過去5年以内に同一の技能実習生に関し継続への申請又は届出により提出したものと内容に変更（経年による変更を除く）がない場合に提出が不要なもの
△印は、実習実施者により新たな技能実習生を受け入れる場合に提出が必要なもの
×印は、提出が不要なもの

技能実習計画の認定申請の添付書類一覧 （6－5）

番号	必要な書類	様式番号	技能実習の区分 A (1号イ)	B (2号イ)	C (3号イ)	D (1号ロ)	E (2号ロ)	F (3号ロ)	留意事項
4 5	入国前講習実施（予定）表	参考様式第1-29号	◎	×	×	◎	×	×	技能実習生に対し、外国で1か月以上かつ、160時間以上の入国前講習を実施し、入国後講習の時間数を第1号技能実習の合計時間数の12分の1とする場合に提出が必要。
4 6	外部委託をする場合は、委託契約書の写し	―	◎	×	×	◎	×	×	同上
4 7	外部機関（委託機関）の概要を明らかにする書類（パンフレット等）	―	◎	×	×	◎	×	×	同上
4 8	前段階の技能実習計画において目標として定めた技能検定又は技能実習評価試験の合格若しくは一部合格を証する書類の写し	―	×	◎	◎	×	◎	◎	試験実施機関に対し合格結果の機構への提供に同意していない場合は提出不要。
4 9	優良要件適合申告書（実習実施者）	参考様式第1-24号	◎	◎	◎	◎	◎	◎	第3号技能実習を行わせようとする場合又は規則第16条第2項（人数枠の拡大）の適用を受けようとする場合に提出が必要。
5 0	技能実習生の名簿	参考様式第1-25号	○1	○1	○1	○1	○1	○1	
5 1	技能実習生の旅券その他の身分を証する書類の写し	―	◎	○2	○2	◎	○2	○2	身分事項が確認できる部分の写し。※在留カードの交付を受けている場合は、その写しの提出が必要。

(注) 技能実習の区分欄のうち、
◎印は、必ず提出が必要なもの。
○1印は、過去3年以内に他の技能実習計画の申請又は提出により提出したものと内容が変更（経年による変更を除く）がない場合に提出が不要なもの
○2印は、過去3年以内の技能実習生に関する技能実習計画の申請又は提出により提出したものと内容が変更（経年による変更を除く）がない場合に提出が不要なもの
△印は、実習当初に変更により新たな技能実習生を受け入れる場合に提出に提出が必要なもの
×印は、提出が不要なもの

※ 技能実習計画の認定基準に関し事業所管大臣が告示で要件を定めた職種に係る技能実習計画の認定申請である場合や、個別具体的な申請内容に応じて資料が必要であると認められる場合などには、上記以外の資料の提出を求めることがあります。

技能実習計画の認定申請の添付書類一覧　（6-6）

以下、規則第2条第2号、規則第3条第2号、規則第16条第1項第2号に該当する場合にのみ申請する場合にのみ必要な書類

番号	必要な書類	様式番号	技能実習の区分						留意事項
			A (1号イ)	B (2号イ)	C (3号イ)	D (1号ロ)	E (2号ロ)	F (3号ロ)	
1	理由書	参考様式第1~26号							規則第2条第2号に該当するものとして主務大臣の新規認定を希望する場合は提出が必要。更新の認定を希望する場合は一度認定の認定を受けた後に新たに提出が必要。申請者は、技能実習計画に関し認定を受けた日から3年間。在職中の2の書類は、技能実習様式第1~2号）に併せて記載しても差し支えない。
2	申請者が外国にある事業所から技能実習生を受け入れる理由書	様式自由	○1	○1	○1			×	
3	外国にある事業所が申請者に技能実習生を派遣する理由書	様式自由							
4	申請者と外国の公私の機関が国際的な業務上の提携等を行っていることを証する書類（取引先、提携先等が分かる書類）として、技能及び航空物運送法含む）の写し、業務提携契約書の写しなど	-	○1	○1	○1	○1	×	×	
5	外国にある事業所が登記、登録されていることを証する公的な書類	-							
6	外国にある事業所のパンフレット（事業内容、取引先、常勤の職員数などが分かるもの）	-							
7	理由書	参考様式第1~26号							規則第3条第2号に該当するものとして主務大臣の新規又は更新の認定を希望する場合に提出が必要。更新の認定を受けた場合、当初認定の有効期間は、当初認定に係る認定日から3年間。
8	複数の法人（申請者）が事業上密接な関係を有することを証する書類として、取引先、提携先等が分かる書類の写し、業務提携契約書の写し、会社パンフレットなど	-	○1	○1	○1	○1	○1	○1	
9	理由書	参考様式第1~26号							規則第16条第1項第2号に該当するものとして主務大臣の認定を希望する場合に新たに認定を希望する場合に提出を受けた、該当する場合に認定を受けた、認定の有効期間は、当初設定を受けた技能実習計画に係る認定日から3年間。
10	主務大臣から認定を受けて特例枠で技能実習生を受け入れる理由書	様式自由	○1	○1	○1			×	
11	過去に受け入れて帰国した技能実習生の現在の職務内容を明らかにする書類	様式自由	○1	○1	○1	×	×		

（注）技能実習の区分の欄のうち、
○印は、必ず提出が必要なもの。
○1印は、過去3年以内に他の技能実習計画に関し機構への申請又は届出により提出したものと内容が変更（経年による変更（経年による変更を除く））がない場合に提出が不要なもの
○2印は、過去5年以内に同一の技能実習計画に関し機構への申請又は届出により提出したものと内容が変更（経年による変更を除く））がない場合に提出が不要なもの
E印は、実習実施者変更により新たな技能実習生を受け入れる場合に提出が必要なもの
×印は、提出が不要なもの

（出典：運用要領別紙②）

[25] 介護職種の業務区分

Q 介護職種の技能実習生はどのような業務を担うことになりますか。

A 技能実習生が下働きだけをさせられるということがないよう、業務に従事させる時間全体の2分の1以上を必須業務、時間全体の2分の1以下を関連業務、時間全体の3分の1以下を周辺業務とすることとされています（規則10②二ハ）。また、必須業務、関連業務、周辺業務のそれぞれ10分の1以上を、安全衛生に係る業務に充てることとされています（規則10②二ニ）。

それぞれの業務をバランスよく実習実施予定表（[27]参照）に盛り込まなければなりません。

解説

「外国人介護人材受入れの在り方に関する検討会中間まとめ」において、介護職種については、移転の対象となる業務が、単なる物理的な業務遂行とならないよう、一定のコミュニケーション能力の修得、人間の尊厳や介護実践の考え方等に裏付けられたものと位置付けることが重要であるとされ、業務手順だけではなく、その根拠や考え方も含めて業務を修得することが求められます。

介護職種における必須業務、関連業務、周辺業務の例示は以下のとおりです。

・必須業務

技能実習生が技能等を修得するために必ず行わなければならない業務です（規則10②二ハ(1)）。身体介護（入浴、食事、排泄の介護等）

が該当します。

・関連業務

　「必須業務」に従事する者により当該必須業務に関連して行われることのある業務であり、修得等をさせようとする技能等の向上に直接又は間接に寄与する業務です（規則10②ニハ(2)）。身体介護以外の支援（掃除、洗濯、調理等）、間接業務（記録、申し送り等）が該当します。

・周辺業務

　「必須業務」に従事する者が当該必須業務に関連して通常携わる業務で「関連業務」に掲げるものを除くものです（規則10②ニハ(3)）。お知らせ等の掲示物の管理等が該当します。

・安全衛生業務

　必須業務、関連業務、周辺業務のそれぞれ10分の1以上を、安全衛生に係る業務に充てることとされています（規則10②ニニ）。

　前記の業務区分や到達水準の考え方を踏まえ、介護職種において移転対象となる業務内容・範囲については、技能実習計画審査基準により、以下のように区分されています。

業務の定義	○　身体上または精神上の障害があることにより、日常生活を営むのに支障がある人に対し、入浴や排泄、食事などの身体上の介助やこれに関連する業務をいう。		
	第1号技能実習	第2号技能実習	第3号技能実習
	(1)　身体介護業務（これらに関連する、準備から記録・報告までの一連の行為を含む）	(1)　身体介護業務（これらに関連する、準備から記録・報告までの一連の行為を含む）	(1)　身体介護業務（これらに関連する、準備から記録・報告までの一連の行為を含む）

必須業務（移行対象職種・作業で必ず行う業務）			
	① 身じたくの介護（（1）の3. については、状況に応じて実施） 1）整容の介助 　1. 整容（洗面、整髪等） 　2. 顔の清拭 　3. 口腔ケア 2）衣服着脱の介助 　1. 衣服の着脱の介助（座位・臥位） ② 移動の介護 1）体位変換 　1. 体位変換 　2. 起居の介助（起き上がり・立位） 2）移動の介助（2. については、状況に応じて実施） 　1. 歩行の介助 　2. 車いす等への移乗の介助 　3. 車いす等の移動の介助 ③ 食事の介護 1）食事の介助 ④ 入浴・清潔保持の介護（3）については、状況に応じて実施） 1）部分浴の介助 　1. 手浴の介助 　2. 足浴の介助	① 身じたくの介護（（1）の3. については、状況に応じて実施） 1）整容の介助 　1. 整容（洗面、整髪等） 　2. 顔の清拭 　3. 口腔ケア 2）衣服着脱の介助 　1. 衣服の着脱の介助（座位・臥位） ② 移動の介護 1）体位変換 　1. 体位変換 　2. 起居の介助（起き上がり・立位） 2）移動の介助 　1. 歩行の介助 　2. 車いす等への移乗の介助 　3. 車いす等の移動の介助 ③ 食事の介護 1）食事の介助 ④ 入浴・清潔保持の介護（3）については、状況に応じて実施） 1）部分浴の介助 　1. 手浴の介助 　2. 足浴の介助 2）入浴の介助 3）身体清拭 ⑤ 排泄の介護（3）	① 身じたくの介護 1）整容の介助 　1. 整容（洗面、整髪等） 　2. 顔の清拭 　3. 口腔ケア 2）衣服着脱の介助 　1. 衣服の着脱の介助（座位・臥位） ② 移動の介護 1）体位変換 　1. 体位変換 　2. 起居の介助（起き上がり・立位） 2）移動の介助 　1. 歩行の介助 　2. 車いす等への移乗の介助 　3. 車いす等の移動の介助 ③ 食事の介護 1）食事の介助 ④ 入浴・清潔保持の介護 1）部分浴の介助 　1. 手浴の介助 　2. 足浴の介助 2）入浴の介助 3）身体清拭 ⑤ 排泄の介護（3）については、状況に応じて実施） 1）トイレ・ポータブルトイレでの排泄介助

② 入浴の介助 ③ 身体清拭 ⑤ 排泄の介助（3）については、状況に応じて実施） 　1) トイレ・ポータブルトイレでの排泄介助 　2) おむつ交換 　3) 尿器・便器を用いた介助	については、状況に応じて実施） 1) トイレ・ポータブルトイレでの排泄介助 2) おむつ交換 3) 尿器・便器を用いた介助	② おむつ交換 ③ 尿器・便器を用いた介助 ⑥ 利用者特性に応じた対応（認知症、障害等） 　1) 利用者特性に応じた対応

(2) 安全衛生業務
① 雇入れ時等の安全衛生教育
② 介護職種における疾病・腰痛予防
③ 福祉用具の使用方法及び点検業務 ＞ ※
④ 介護職種における事故防止のための教育
⑤ 緊急時・事故発見時の対応

関連業務、周辺業務（上記必須業務に関連する技能等の修得に係る業務等で該当するものを選択すること。）

(1) 関連業務
① 掃除、洗濯、調理業務
　1. 利用者の居室やトイレ、事業所内の環境整備
　2. 利用者の衣類等の洗濯
　3. 利用者の食事にかかる配下膳等
　4. 調理業務（ユニット等で利用者と共に行われるもの）
　5. 利用者の居室のベッドメイキングやシーツ交換
② 機能訓練の補助やレクリエーション業務
　1. 機能訓練の補助や見守り
　2. レクリエーションの実施や見守り
③ 記録・申し送り
　1. 食事や排泄等チェックリスト等による記録・報告
　2. 指示を受けた内容に対する報告

(2) 周辺業務
　1. お知らせなどの掲示物の管理
　2. 車いすや歩行器等福祉用具の点検・管理
　3. 物品の補充や管理

(3) 安全衛生業務（関連業務、周辺業務を行う場合は必ず実施する業務）
上記※に同じ

		3. 日誌やケアプラン等の記録 及び確認 4. 申し送りによる情報共有
使用する素材（材料） （該当するものを選択すること。）		
使用する機械、設備、器工具等 （該当するものを選択すること。）		【機械、設備等】（必要に応じて使用すること） ・入浴 　介護用浴槽、入浴用リフト、バスボード、浴槽マット、シャワーチェア、シャワーキャリー、浴槽内椅子等 ・移動 　スイングアーム介助バー、移動用リフト ・その他 　特殊寝台、スクリーンやカーテン等 【用具】（必要に応じて使用すること） ・整容 　洗面容器、ブラシ、タオル、ガーゼ、歯ブラシ、コップ、ガーグルベースン、スポンジブラシ、舌ブラシ、デンタルフロス、綿棒、歯磨き粉、マウスウォッシュ等 ・入浴 　洗面容器、タオル、ガーゼ、スポンジ、石鹸、保湿クリーム、温度計等 ・食事 　食器一式（皿、スプーン、フォーク、ナイフ、箸、コップ等）、食事用エプロン等 ・排泄 　ポータブルトイレ、尿器・便器、おむつ（紙製、布製）、タオル、ガーゼ、トイレットペーパー等 ・衣服の着脱 　衣類（上着類、下着類） ・移動 　スライディングボード、クッション、体位変換器、車いす（自走、電動含む）、車いす付属品、歩行器、歩行補助杖（T字杖、ロフストランド・クラッチ、多点杖、松葉杖等）等 ・利用者特性に応じた対応 　義歯、義肢装具、補聴器、コミュニケーションボード、白杖、眼鏡等

第3章　技能実習生の受入体制の整備と受入れの実施　　105

	・その他 　シーツ、タオルケット、毛布、枕、枕カバー等 　バイタル計測器、マスク、手袋、調理用具、掃除用具、レクリエ 　ーションにかかる道具、リハビリに関する用具等
移行対象職種・業務とはならない業務例	1.　厨房に入って調理業務のみを行う場合 2.　上記の関連業務及び周辺業務のみの場合

（出典：厚生労働省ホームページ）

[26] 介護技能の到達水準

Q 技能実習の各段階において、技能の修得状況はどのように確認するのでしょうか。

A 技能実習は段階的に技能を修得するものであるため、各段階における到達水準が定められており、その技能の修得状況は技能実習評価試験によって判断されます。

第1号から第2号へ、第2号から第3号へ移行するためには技能実習評価試験の合格が必須であり、不合格の場合は実習を継続できず、帰国することとなります。各段階の到達水準を達成できるよう、技能実習計画に基づいて計画的に実習を進める必要があります。

解説

1 第1号技能実習修了時（技能実習1年目修了時）

技能実習1年目修了時の到達水準は、「外国人介護人材受入れの在り方に関する検討会中間まとめ」では、「指示の下であれば、決められた手順等に従って、基本的な介護を実践できるレベル」とされています。

第1号技能実習修了時においては、第2号技能実習に移行する予定がある場合には、技能検定基礎級に相当する技能実習評価試験（初級）の受検が必須とされ、この試験の合格と、日本語能力試験N3程度以上の日本語能力が必要となります（運用要領4章2節第2、告示1－ロ）。第2号技能実習に移行する予定がない場合は、技能検定基礎級に相当する技能実習評価試験の合格を目標としなければならないわけではなく、修得をさせる技能等を要する具体的な業務ができるようになること及び

当該業務等に関する知識の修得を内容とするものであって、かつ技能
実習の期間に照らし適切な目標を定めることも可能です（運用要領4章2
節第2）。

2 第2号技能実習修了時（技能実習3年目修了時）

　技能実習3年目修了時の到達水準は、「外国人介護人材受入れの在り
方に関する検討会中間まとめ」では、「自ら、介護業務の基盤となる能
力や考え方等に基づき、利用者の心身の状況に応じた介護を一定程度
実践できるレベル」とされています。

　第2号技能実習修了時には、技能検定3級相当の技能実習評価試験（専
門級）の受検が必須とされており、第3号技能実習に移行するためには、
この試験に合格する必要があります（運用要領4章2節第2）。

3 第3号技能実習修了時（技能実習5年目修了時）

　技能実習5年目修了時の到達水準は、「外国人介護人材受入れの在り
方に関する検討会中間まとめ」では、「自ら、介護業務の基盤となる能
力や考え方等に基づき、利用者の心身の状況に応じた介護を実践でき
るレベル」とされています。

　第3号技能実習修了時には、技能検定2級相当の技能実習評価試験（上
級）の受検が必須とされており、その合格を目標とすることとされて
います（運用要領4章2節第2）。

108　　第3章　技能実習生の受入体制の整備と受入れの実施

【第1号〜第3号技能実習の到達水準と技能実習評価試験】

		第1号	第2号	第3号
到達水準		指示の下であれば、決められた手順等に従って、基本的な介護を実践できるレベル	自ら、介護業務の基盤となる能力や考え方等に基づき、利用者の心身の状況に応じた介護を一定程度実践できるレベル	自ら、介護業務の基盤となる能力や考え方等に基づき、利用者の心身の状況に応じた介護を実践できるレベル
技能実習評価試験	等級区分	技能検定基礎級相当（初級）	技能検定3級相当（専門級）	技能検定2級相当（上級）
	試験方法	・実技（必須） ・学科（必須）	・実技（必須） ・学科（任意）	・実技（必須） ・学科（任意）

第3章 技能実習生の受入体制の整備と受入れの実施　　109

[27]　実習実施予定表の概要

Q 実習実施予定表にはどのようなことを記載するのでしょうか。

A 技能実習計画の策定に当たっては、実習実施予定表を作成する必要があります。実習実施予定表には、必須業務、関連業務、周辺業務の時間割合を算出し、それぞれに定められた割合の範囲内で、技能実習生一人ひとりに合わせた各年の技能習得スケジュールを記載します。

解　説

1　実習実施予定表の記載内容

　技能実習生が修得する、必須業務、関連業務、周辺業務の修得スケジュールを記載しますが、特に周辺業務については、事業所の種別によってその内容は異なるため、実際の業務に即して作成する必要があります。また、安全衛生に係る業務も組み込む必要があります。なお、実習実施予定表にない業務を技能実習生が行うことは認められません。

　実習実施予定表のモデル例は以下のとおりです。

【第1号実習実施予定表（モデル例）】
技能実習を行わせる事業所
事業所名　〇〇法人×××事業所　　所在地　東京都新宿区西新宿〇-〇〇-〇〇
実習期間　20XX年　XX　月　XX　日　～　20YY年　YY　月　YY日

技能実習の内容	事業所	合計時間	月・時間数											
必須業務、関連業務及び周辺業務の例			1月日	2月日	3月日	4月日	5月日	6月日	7月日	8月日	9月日	10月日	11月日	12月日
指導員の役職・氏名（経験年数）														

1	必須業務	0. 共通項目（必須業務を行う際、全てにおいて共通）	○○事業所	○h										
		1)　体調の確認等												
		Ⅰ　身体介護業務												
		1.　身じたくの介護			△	△	△	△	△	△	△	△	△	△
		1)　整容の介助												
		(1)　整容（洗面、整髪等）												
		(2)　顔の清拭												
		(3)　口腔ケア												
		2)　衣服着脱の介助												
		(1)　着脱の介助（座位・臥位）												
		2.　移動の介護												
		1)　体位変換												
		(1)　体位変換												
		(2)　起居の介助（起き上がり）												
		(3)　起居の介助（立位）												
		2)　移動の介助												
		(1)　歩行の介助												
		(2)　車いす等への移乗の介助												
		(3)　車いす等の移動の介助												
		3.　食事の介護												
		1)　食事の介助												
		4.　入浴・清潔保持の介護												

	1）　部分浴の介助													
	（1）　手浴の介助													
	（2）　足浴の介助													
	2）　入浴の介助													
	3）　身体清拭													
	5. 排泄の介護													
	1）　トイレ・ポータブルトイレでの排泄介助													
	2）　おむつ交換													
	3）　尿器・便器を用いた介助													
	介護主任　福祉花子(15年)													
2	Ⅱ　安全衛生業務（※）													
必須業務	①　雇い入れ時の安全衛生教育													
	②　介護職種における疾病・腰痛予防													
	③　福祉用具の使用方法・及び点検　※	同上	○ h	△	△	△	△	△	△	△	△	△	△	
	④　介護事故防止のための教育													
	⑤　緊急時・事故発見時の対応													
	介護主任　福祉花子(15年)													
3	1. 掃除、洗濯、調理業務													
	①　利用者の居室やトイレ、事業所内の環境整備													

関連業務	② 利用者の衣類等の洗濯													
	③ 食事に係る配下膳等													
	④ 調理業務（ユニット等で実施されるもの）													
	⑤ 利用者の居室のベッドメイキングやシーツ交換													
	2. 機能訓練の補助やレクリエーション業務													
	① 機能訓練の補助や見守り	同上	○h		△	△	△	△	△	△	△	△	△	△
	② レクリエーションの実施や見守り				←――――――――――――――――――――→									
	3. 記録・申し送り													
	① 食事や排泄等チェックリストによる記録・報告													
	② 指示を受けた内容に対する報告													
	③ 日誌やケアプラン等の記録及び確認													
	④ 申し送りによる情報共有													
	介護主任　福祉花子(15年)													
周辺業務 4	1. お知らせなどの掲示物の管理													
	2. 車いすや歩行器等福祉用具の点検・管理													
	3. 物品の補充や管理	同上	○h		△	△	△	△	△	△	△	△	△	△
					←――――――――――――――――――――→									

	介護主任　福祉花子(15年)													
5	安全衛生業務（関連業務、周辺業務を行う場合は必ず実施する業務）													
関連・周辺業務	上記※に同じ	同上	○h		△	△	△	△	△	△	△	△	△	△
	介護主任　福祉花子(15年)													
合　計　時　間			○h		○h	○h	○h	○h	○h	○h	○h	○h	○h	○h

（注意）

　予定表には、当該科目の開始月より修了月までの間を矢印（←→）で結び、矢印の上に各月に行う時間数を記載してください。

使用する素材、材料等	
使用する機械、器具等	①　機械・設備等（必要に応じて使用すること） 　1.　入浴：介護用浴槽、入浴用リフト、バスボード、浴槽マット、シャワーチェア、シャワーキャリー、槽内椅子等 　2.　移動：スイングアーム介助バー、移動用リフト 　3.　その他：特殊寝台、スクリーンやカーテン等 ②　用具（必要に応じて使用すること） 　1.　整容：洗面容器、ブラシ、タオル、ガーゼ、歯ブラシ、コップ、ガーグルベースン、スポンジブラシ、舌ブラシ、デンタルフロス、綿棒、歯磨き粉、マウスウォッシュ等 　2.　入浴：洗面容器、タオル、ガーゼ、スポンジ、石鹸、保湿クリーム、温度計等 　3.　食事：食器一式（皿、スプーン、フォーク、ナイフ、箸、コップ等）、食事用エプロン等 　4.　排泄：ポータブルトイレ、尿器、便器、おむつ（紙製、布製）、タオル、ガーゼ、トイレットペーパー等 　5.　衣服の着脱：衣類（上着類、下着類） 　6.　移動：スライディングボード、クッション、体位変換器、車いす（自走、電動含む）、車いす付属品、歩行器、歩行補助杖（T字杖、ロフストランド・クラッチ、多点杖、松葉杖等）等

	7. その他：義歯、義肢装具、補聴器、コミュニケーションボード、白杖、眼鏡等　シーツ、タオルケット、毛布、枕、枕カバー等　バイタル計測器、マスク、手袋、調理用具、掃除用具、レクリエーションにかかる道具、リハビリに関する用具等
製品等の例	
指導体制	指導員名：福祉　花子 免許・資格等　　1.　介護福祉士 　　　　　　　　2.　介護支援専門員

（出典：厚生労働省ホームページ）

2　実習実施予定表「別紙」

　「外国人介護人材受入れの在り方に関する検討会中間まとめ」において、「適切なOJTを実施するためには、実習実施機関に対し、自主的な規制を含め、技能移転の対象項目ごとに詳細な技能実習計画書を作成することを求めるべきである」とされました。これを受け、実習実施予定表に加えて、技能実習の内容を詳細に記載する「別紙」を作成する必要があります。

　具体的には、技能移転の対象業務の記載だけではなく、①個々の業務において必要となる着眼点や具体的な技術等の内容を記載するとともに、②介護業務に関連して日本語の学習を進められるよう、必須業務、関連業務、周辺業務ごとに、業務に関連する日本語学習について記載することが求められています。

　第1号技能実習の実習実施予定表「別紙」の例は以下のとおりです。第2号、第3号の実習実施予定表は、厚生労働省ホームページ（http://www.mhlw.go.jp/file/06-Seisakujouhou-12000000-Shakaiengokyoku-Shakai/0000180396.pdf、（2018.5.9））を参照してください。

【第1号実習実施予定表　「別紙」（モデル例）】

技能実習の内容 必須業務、関連業務及び 周辺業務の別 指導員の役職・氏名（経験年数）	詳　細 （具体的な技術）	備　考 （着眼点）
講　習		

第3章　技能実習生の受入体制の整備と受入れの実施　　115

1		0. 共通項目	※体調の確認等、①〜④は、全ての身体介護業務に共通して行う	※以下の項目について理解する
		1)　体調の確認等	①　あいさつ	・主体が利用者であることについて
			②　体調の確認	・体調の確認等を通じて、行う介護行為の方法や可否等を判断することについて
			③　これから行うことの説明、同意を得る	
			④　（実行後）体調の確認	
		I　身体介護業務		
		1. 身じたくの介護		
	必須業務	1)　整容の介助		
		(1)　整 容（洗面、整髪等）	①　必要物品の用意	
			②　体調の確認等	
			③　利用者の好みの確認	
		(2)　顔の清拭	①　必要物品の用意	
			②　体調の確認等	
			③　タオルや湯の温度の確認 ・介護者自身による確認と利用者への確認	
			④　目頭から目尻に拭く ・同じ面で繰り返し拭かない等	・感染対策について ・清潔について
		(3)　口腔ケア	①　必要物品の用意	・上肢の身体機能や歯牙の状

必須業務			------ ② 体調の確認等	態に合わせた口腔ケアの方法について
			③ 自立を促す支援	・口腔ケアが誤嚥性肺炎や感染症の予防に繋がることについて
			④ 口腔内の磨き残しの確認	
			⑤ 口腔内の状態の確認 ・歯牙の欠損や歯周病の確認等	・口腔ケアに用いるさまざまな自助具について
	2) 衣服着脱の介助			
		(1) 着脱の介助（座位・臥位）	① 体調の確認等	
			② プライバシーへの配慮	・本人の好みの尊重、自己選択・自己決定について
			③ 衣服の選択・確認	・気候や場面、身体状態に合わせた衣類の選択について
			④ 安定した姿勢の確認 ア：座位（足底が床につく） イ：臥位（マヒ側への配慮）	
			⑤ 脱健着患	・可動域に配慮した身体の動きについて
			⑥ 自立を促す支援	
			⑦ 着心地の確認	・皮膚の状態等の観察のポイントについて
	2. 移動の介護			
	1) 体位変換			
		(1) 体位変換	① 体調の確認等	・ボディメカニクスについて
			② ボディメカニクスの活用 ・利用者の膝を立てる、四肢を小さくまとめる 等	・体位変換の意義について ・褥瘡ができるからだのしくみについて
			③ 自立を促す支援 ・健側の活用等	・マヒ側への配慮についての理解について
			④ 安楽な姿勢の保持と確認	・体位変換や褥瘡予防に用いる福祉用具について

第3章　技能実習生の受入体制の整備と受入れの実施　117

必須業務			・利用者の腰を引く ・クッションやタオルの活用等	
		(2)　起居の介助（起き上がり）	①　体調の確認等	・ボディメカニクスについて ・起き上がりの際の血圧変動等からだのしくみについて
			②　自立を促す支援 ・健側の活用（肘をつく、側臥位になる、ベッド柵に掴まる等）	
			③　利用者の自然な身体の動きを妨げない ・全介助が必要な場合上体が弧を描くように起き上がる ・側臥位になって起き上がる場合は先に足を下ろす　等	
			④　安定した座位の保持 ・ベッドの柵を持つ、ベッドに手をつく、足底が床につく等	
		(3)　起居の介助（立位）	①　体調の確認等	・立ち上がりの際の血圧変動等からだのしくみについて ・起居に用いる福祉用具について
			②　自立を促す支援 ・麻痺の場合の膝折れの防止 ・アームバーの利用　等	
			③　利用者の自然な身体の動きを妨げない	
			④　安定した立位の保持	
		2)　移動の介助		
		(1)　歩行の介助	①　体調の確認等	・杖や歩行器等、利用者の身体機能に応じた福祉用具選択について
			②　安全に留意した介助位置 ・　（杖や手すり使用時）マヒ側の後方 ・　（視覚障害者の場合）半歩前等	
			③　自立を促す支援	

必須業務			
		・身体の機能に応じた福祉用具の選択等	
		④　利用者のペースに合わせる	
		⑤　安全の確保 ・安全なルートの選択 ・履物の選択　等	
	(2)　車いす等への移乗の介助	①　体調の確認等	・健側の活用について ・移乗時に用いる福祉用具の機能や特徴について ・車椅子の種類や扱い方について ・利用者の身体機能に応じた車椅子等、移動の福祉用具選択について
		②　利用者といすや車いす等との距離を適切に保つ	
		③　安全の確認 ・いすや車いすが安定しているか ・（車いすの場合）ブレーキがかかっているか、タイヤの空気は十分か、フットサポートがあがっているかの確認　等	
		④　自立を促す支援 ・足底が床についている ・利用者がアームレストを掴むなど前傾姿勢がとれる支援 ・利用者の健側を軸にしている ・マヒの場合は膝折れの防止等	
		⑤　安定した座位 ・深く腰掛けている ・足底が床につく、または、フットサポートに乗っている ・（車いすの場合状況に応じて）利用者の手が大車輪に巻き込まれない位置にある ・利用者のからだが傾いているときはクッションを活用する等	

第3章　技能実習生の受入体制の整備と受入れの実施　　119

	（3）　車いす等の移動の介助	①　体調の確認等	・生活における移動の意義について
		②　安全の確認 ・安定した座位が保てている ・フットサポートに足が乗っている ・腕や手が大車輪に巻き込まれない位置にある　等	
		③　自立を促す支援 ・身体機能に合った車いすの選択等	
		④　安全な移動 ・動き出しや方向転換等場面の変化について説明する ・止まるときはブレーキをかける　等	・段差や坂道での車椅子移動の方法について
必須業務	3.　食事の介護		
	1）　食事の介助	①　体調の確認等	・禁忌食や治療食について ・水分補給の必要性について ・食事摂取と排泄に関連するからだのしくみについて ・嗜好や行事食等について ・食事に用いる自助具について ・身体機能（咀嚼や嚥下状態）にあわせた食事形態について（ミキサー食や刻み食、とろみ剤等）
		②　食事をとる姿勢の保持 ・顎を引いた前傾姿勢 ・臥位の場合は、ベッドを30度以上に起こす　等	
		③　自立を促す支援 ・自助具の活用や食事形態の工夫等	
		④　利用者のペースに合わせた安全な介助 ・利用者の咀嚼と嚥下の確認 ・利用者の目線と同じ高さで介助している ・適度に水分を促している　等	
		⑤　食事摂取量の確認	・食事摂取量の記録と必要性について

120　第3章　技能実習生の受入体制の整備と受入れの実施

必須業務	4. 入浴・清潔保持の介護		
	1) 部分浴の介助		
	(1) 手浴の介助	① 必要物品の用意	
		② 体調の確認等	
		③ 安楽な姿勢の保持	
		④ 湯温の確認 ・実習生自身が確認した上で、利用者に確認	
		⑤ 手浴 ・指の間など洗い残しがない	・皮膚の状態の観察について ・手浴の効果と感染症の予防について
		⑥ 爽快感や体調の変化の確認	
	(2) 足浴の介助	① 必要物品の用意	・足浴の効果について（血行促進による安眠効果、感染予防　等） ・水虫など、皮膚の状態の観察のポイントについて
		② 体調の確認等	
		③ 安楽な姿勢の保持	
		④ 湯温の確認 ・実習生自身が確認した上で、利用者に確認	
		⑤ 足浴 ・指の間など洗い残しがない	
		⑥ 爽快感や体調の変化の確認	
	2) 入浴の介助	・機械浴（特殊浴槽・チェアー浴等） ・一般浴槽 （いずれか1つは必ず行う）	・身体の機能に合わせた入浴方法の選択について
		① 必要物品・浴室内の準備 ・脱衣所・浴室内の室温管理等	・ヒートショックに関するからだのしくみと予防について
		② 体調等の確認	

第3章　技能実習生の受入体制の整備と受入れの実施　　121

必須業務		③　洗身 ・湯温を実習生の肌で確認した後、利用者に確認 ・末梢から中枢に向かって洗う ・利用者の表情や皮膚の状態の観察　等	・羞恥心への配慮について ・入浴に関連する身体のしくみについて（血圧や体温の変化等） ・入浴の作用と効果について ・入浴に用いる福祉用具について ・利用者の身体状態と適切な湯温について
		④　洗髪 ・洗い残しがないか利用者に確認等	
		⑤　入浴（湯船につかる） ・湯温を実習生の肌で確認した後、利用者に確認 ・浴槽には健側から入る　等	
		⑥　入浴後の水分補給	・入浴による発汗作用と脱水防止について
		⑦　爽快感や体調変化の確認	
	3)　身体清拭	①　必要物品の用意	
		②　体調の確認等	・清拭を行う場面やその状況について
		③　安楽な姿勢の保持	・クッション等を活用した安楽な姿勢について
		④　室温の管理	
		⑤　プライバシーへの配慮 ・カーテンを引く、ついたてを置く等 ・バスタオルやタオルケットを用い、肌の露出を控える等	・羞恥心への配慮について
		⑥　身体の清拭 ・末梢から中枢へ拭く ・皮膚の状態の観察　等	
		⑦　爽快感や体調変化の確認	・身体清拭がもたらす効果について

必須業務	5. 排泄の介護		
	1) トイレ・ポータブルトイレでの排泄介助	① 体調の確認等	・排泄に関連するからだのしくみについて
		② 自立を促す支援	・羞恥心への配慮について
		③ トイレ・ポータブルトイレへの移乗 ・深く腰掛けている、安定した座位を保てている等	・個々の身体の特性に合わせた、排泄環境の整備について
		④ プライバシーへの配慮 ・カーテンやスクリーンの使用等	
		⑤ ズボンや下着等の上げ下ろし ・転倒防止の配慮（手すりを持ってもらう、身体を支える等）	
		⑥ 陰部・臀部の状態の観察	
		⑦ 便の性状や尿量等の確認	・便や尿の性状の観察点について ・排泄の記録と必要性について
		⑧ 清潔の保持 ・トイレットペーパーで拭く、陰部の洗浄を行う等	
	2) おむつ交換	① 必要物品の用意	・手洗いやディスポ手袋の使用等、清潔について
		② 体調の確認等	・排泄に関連するからだのしくみについて
		③ プライバシーへの配慮 ・カーテンやスクリーンの活用等	・羞恥心への配慮について ・個々の身体の特性に合わせた、おむつ・尿パッド等の選択について
		④ 陰部の洗浄 ・シャワーボトルを用いての洗浄やタオル等での陰部の清拭等	・尿路感染症等の予防について

第3章　技能実習生の受入体制の整備と受入れの実施　　123

必須業務		⑤　陰部・臀部の状態の観察 ・褥瘡やただれがないかの観察等	
		⑥　便の性状や尿量等の確認	・便や尿の性状の観察点について ・排泄の記録と必要性について
		⑦　おむつや衣服、寝具等にしわがない	・褥瘡予防の視点について
	3）　尿器・便器を用いた介助	①　必要物品の用意	・排泄にかかる福祉用具について
		②　体調の確認等	・排泄に関連するからだのしくみについて
		③　自立を促す支援	
		④　プライバシーへの配慮 ・カーテンやスクリーンの活用等	・羞恥心への配慮について ・個々の身体の特性に合わせた、尿器・便器等の選択について ・尿路感染症等の予防について
		⑤　安楽な姿勢を整える ・ベッドを起こす ・側臥位の姿勢をとる　等	
		⑥　陰部の洗浄 ・シャワーボトルを用いての洗浄や清拭タオル等で陰部の尿や便を拭き取る等	
		⑦　陰部・臀部の観察 ・褥瘡やただれがないかの観察等	・便や尿の性状の観察点について ・排泄の記録と必要性について
		⑧　便の性状や尿量の確認	
		⑨　衣服、寝具等にしわがない	・褥瘡予防の視点の理解について
	Ⅱ　安全衛生業務（※）		
		①　雇い入れ時の安全衛生教育	・禁忌事項の確認含む

	必須業務	② 介護職種における疾病・腰痛予防	・感染症対策や腰痛体操、ボディメカニクスの活用等	・ボディメカニクスについて ・感染予防について ・介護者の心身の安全について
		③ 福祉用具の使用方法・及び点検	・使用する福祉用具の取り扱い方や点検事項の理解等	・福祉用具の適切な使用方法について
		④ 介護事故防止のための教育	・ヒヤリハットや事故報告書の事例から学ぶ	・リスク管理について
		⑤ 緊急時・事故発見時の対応	・事業所においてマニュアルがあればそれに沿って行う等	
		※必須業務を行うための介護に関する専門用語の理解に向けた日本語学習		・申し送りや記録に用いる専門用語について ・利用者との円滑なコミュニケーションを図るための日本語について
2	関連業務	1. 掃除、洗濯、調理業務 （必要に応じて実施）		
		① 利用者の居室やトイレ、事業所内の環境整備		・環境の整備が疾病予防や事故防止に繋がることについて
		② 利用者の衣類等の洗濯		
		③ 食事に係る配下膳等		
		④ 調理業務（ユニット等で実施されるもの）		
		⑤ 利用者の居室のベッドメイキングやシーツ交換		・プライベートな空間であることについて

第3章　技能実習生の受入体制の整備と受入れの実施　　125

	関連業務	2. 機能訓練の補助やレクリエーション業務		・日常生活リハビリについて ・季節の行事や文化について
		① 機能訓練の補助や見守り		
		② レクリエーションの実施や見守り	・レクリエーションで活用する歌詞カードの作成 ・行事の準備や実施　等	
		3. 記録・申し送り		・日誌や記録による情報共有の必要性について ・報告の必要性について
		① 食事や排泄等チェックリストによる記録・報告	・チェックリストの確認・記入等	
		② 指示を受けた内容に対する報告	・実習指導者の指示の下、行ったことに対する報告	
		③ 日誌やケアプラン等の記録及び確認	・日誌やケアプラン等の記録から情報収集を行う等	
		④ 申し送りによる情報共有	・申し送りに参加し情報共有する	・情報共有するための日本語について
		※関連業務を行うための介護に関する専門用語の理解に向けた日本語学習		・日誌等の記録を読む、記録を記載するための日本語について
3	周辺業務	1. お知らせなどの掲示物の管理	・見やすい位置に掲示する ・お知らせや掲示物を作成する等	
		2. 車いすや歩行器等福祉用具の点検・管理		・事故を防止するための福祉用具の点検・管理の必要性について
		3. 物品の補充や管理		・必要時に物品を使用するための補充の必要性について

	※周辺業務を行うための介護に関する専門用語の理解に向けた日本語学習		・お知らせなどの作成に向けた日本語について
4	安全衛生業務	安全衛生作業（関連作業・周辺作業を行う場合は必ず実施する作業）　上記※に同じ ※安全衛生業務を行うための介護に関する専門用語の理解に向けた日本語学習		

(出典：厚生労働省ホームページ)

（技能実習生の受入体制の構築）

[28] 実習実施者が構築すべき指導体制

Q 実習実施者では、技能実習生を受け入れるに当たり、どのような指導体制を構築する必要がありますか。

A 実習実施者は、技能実習生を受け入れるに当たっては、技能実習全体の責任者（技能実習責任者）を配置するとともに、技能実習指導員及び生活指導員を配置することが求められています（法9六・七、規則12・13）。

また、介護職種については、対人サービスを提供する職種であり、介護サービスの利用者への説明や同意、意思の確認等、コミュニケーション能力が欠かせません。また、介護はチームケアであるため、記録や申し送り等も重要な業務になります。そのため、介護技能の修得には一定の日本語能力が必要であることから、日本語学習指導者を配置することが望まれます。

ただし、何より大切なのは、これらの担当者が密接に連携し、技能実習生の指導を行っていくことであり、実習実施者全体で技能実習生に対する指導体制について共有意識を持ち、接していくことといえます。

解 説

1 配置が求められている職員

(1) 技能実習責任者

技能実習の実施に関する責任者であり、自己以外の技能実習指導員、

生活指導員その他の技能実習に関与する職員を監督し、技能実習の進捗状況を管理するほか、技能実習計画の作成に関することや技能実習生の保護に関すること等について統括管理する者です（規則12①一）。

なお、技能実習責任者は、下記の条件を満たす者であることが求められています（規則13）。

・実習実施者又はその常勤の役員若しくは職員である者
・自己以外の技能実習指導員、生活指導員その他の技能実習に関与する職員を監督することができる立場にある者
・過去3年以内に技能実習責任者に対する講習を修了した者（当面の間の経過措置あり）
・欠格事由に該当する者（禁錮以上の刑に処せられ、その執行を終えた日から5年を経過していない者など）、過去5年以内に出入国又は労働に関する法令に関し不正又は著しい不当な行為をした者、未成年者ではない者

(2) 技能実習指導員

技能実習生が日本国内の技能修得のため実習実施者に滞在する際、その技能実習生がしっかりと技能を修得できているか、あるいは計画どおりに遂行しているかなどを指導する立場の者です。

なお、技能実習指導員にも要件が定められています（規則12①二）（[29]参照）。

(3) 生活指導員

技能実習生は技能等の修得を目的として入国していますが、技能実習を受ける基盤となる日常生活を円滑に送るために我が国の生活習慣に慣れ、また、我が国の生活ルールに従い地域社会と共生することが大切です。生活指導員は、技能実習生の我が国における生活上の留意点について指導するだけではなく、技能実習生の生活状況を把握したり、技能実習生の相談に乗るなどして、問題の発生を未然に防止する

第3章　技能実習生の受入体制の整備と受入れの実施　　129

役割を担う者です。

　なお、生活指導員は、下記の条件を満たす者であることが求められています（規則12①三）。

・実習実施者又はその常勤の役員若しくは職員のうち、技能実習を行わせる事業所に所属する者

・欠格事由に該当する者（禁錮以上の刑に処せられ、その執行を終えた日から5年を経過していない者など）、過去5年以内に出入国又は労働に関する法令に関し不正又は著しい不当な行為をした者、未成年者ではない者

　(4)　日本語学習指導者

　任意での配置となりますが、介護職種の技能実習生が適切に技能を修得するためには欠かせません（[38]参照）。

※前記(1)技能実習責任者、(2)技能実習指導員及び(3)生活指導員の兼務

　　技能実習責任者、技能実習指導員及び生活指導員は、各々に求められる要件を備えた上であれば、兼務することが可能とされています。

2　連携体制

　(1)　配置される職員による連携

　技能実習生が適切に技能を修得するためには、専門知識の理解と技能の実践が必要です。その際、技能実習生が日常生活や実習指導を受ける上で、日本語を理解することが求められますが、日本語の専門家のみでは介護分野の専門的用語の説明ができず、かたや技能実習指導員、生活指導員のみでは日本語の専門的知識がないことから、きちんと技能実習生に理解を促すことはできず、技能実習が滞る事態も起こり得ます。そのため、担当者が密接に連携しつつ、技能実習生の指導を行っていくことが重要です。

【実習実施者において技能実習生にかかわる個別職種の関わりについてのイメージ】

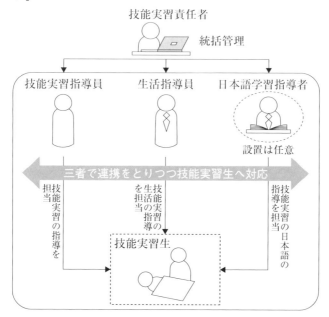

(2) 実習実施者内での指導体制

　技能実習生に関わる職員によって異なる指導がされると、技能実習生が混乱することが想定されます。このようなことが起きないよう、技能実習責任者を中心に、実習実施者内の指導内容と指導体制を確立することが重要です。

　技能実習生を指導する主な役割は技能実習指導員が担うこととなりますが、特定の職員だけでなく、施設・事務所等全体で技能実習生に対する指導体制について共有意識を持つことが重要であり、先に技能実習生に対する指導環境の整備について、施設・事務所等全体で取り組むことが有効といえます。

第3章 技能実習生の受入体制の整備と受入れの実施　　131

[29] 技能実習指導員の要件

Q 技能実習指導員の役割と要件はどのようなものですか。

A 実習実施者は技能実習生の指導を担当する技能実習指導員を配置することが定められています。技能実習指導員は、技能実習生と継続的に、最も近しく接触を持つことになり、実習の実施状況を把握する重要な役割を担います。

　技能実習制度本体において、技能実習指導員は、修得させようとする技能等について5年以上の経験を有する者と定められています。介護職種の技能実習指導員は、この本体要件に加え、介護福祉士資格等の上乗せ要件を満たす者を1名以上配置することが定められています。また、技能実習生5名につき1名以上の技能実習指導員を配置することとされています。

解　説

　技能実習指導員は、①実習実施者又はその常勤の役員若しくは職員のうち、技能実習を行わせる事業所に所属する者、②修得等をさせようとする技能等について5年以上の経験を有する者、の両方の条件を満たす必要があります（規則12①二）。

　また、介護固有の要件として、介護職種告示2条1号において、受入企業（実習実施者）における技能実習指導員のうち1名以上は
・介護福祉士の資格を有する者
・修得等をさせようとする技能等について5年以上の経験を有することに加え、3年以上（合計で8年以上）介護等の業務に従事し、実務

者研修を修了した者であって、申請者が技能実習指導員としての適格性を認めたもの

・看護師、准看護師の資格を有する者

であることが定められています（介護職種運用要領第2(1)）。

　また、適切な技能移転を図る観点から、きめ細やかな指導を行うため、技能実習生5名につき1名以上の技能実習指導員を配置することが定められています（告示2二）。

　技能実習生を指導する体制を常時確保する観点から、技能実習指導員は1名のみではなく、複数名配置することが望ましいと考えられます。

第3章 技能実習生の受入体制の整備と受入れの実施   133

[30] 介護職種の技能実習指導員講習の内容

Q 介護職種の技能実習指導員講習の内容について教えてください。

A 実習実施者は、技能実習指導員が適切な指導を実施できるよう、技能実習指導員に対して、介護職種の技能実習指導員講習の受講を推奨することが「介護職種の技能実習生の受入れに関するガイドライン(技能実習制度への介護職種の追加に向けた準備会平成29年9月29日策定)」によって、示されています。

介護職種の技能実習指導員講習は、適切に技能移転が図られる体制を確保するため、技能実習指導員が、技能実習の指導者としての役割を理解するとともに、技能実習制度に即して効果的な技能実習ができるための知識及び技術を修得することを目的として行われる講習です。平成29、30年度においては厚生労働省予算で実施され、公益社団法人日本介護福祉士会が実施することとされています。

なお、過去3年以内の介護職種の技能実習指導員講習の受講歴は、介護職種の優良な実習実施者の要件の一つに設定されています（介護職種運用要領第3）。

解　説

講習の内容は以下の内容以上とすることとされています。

科目名	時間数	目標及び主な内容
技能実習指導員の役割	2.5	○技能実習指導員が求められる役割を担うために技能実習制度について理解する。

		・技能移転の意義
		・技能実習生の権利擁護　等
		○労働基準法及び関係労働法令について理解する。
移転すべき技能の理論と指導方法	1.5	○技能実習の対象とされる「介護」について理解する。 ・必須業務、関連業務、周辺業務について　等 ○移転すべき技能と指導のポイントを理解する。
技能実習指導の方法と展開		○技能実習計画の作成と指導方法を理解する。 ・技能実習計画と実習プログラムの作成　等
技能実習指導における課題への対応	2.25	○技能実習生受入の留意点 ・技能実習生との向き合い方 ・コミュニケーションの取り方の留意点 ・生活習慣や文化の理解 ・日本語学習支援について　等
理解度テスト	0.75	・理解度テストの実施及び解説
合　計	7.0	

第3章　技能実習生の受入体制の整備と受入れの実施　　135

[31] 技能実習生の宿泊施設の確保

Q 技能実習生の宿泊施設の確保はどのようにすればよいですか。

A 実習実施者又は監理団体は、技能実習生のための適切な宿泊施設を確保することが定められています（規則14一）。技能実習生が安心・安全に住むことができるように、宿泊施設の基準として、広さや消火設備等が定められています。

費用については、実費に相当する適正な額でなければならず、技能実習生が定期に負担する費用については、技能実習生との間で合意がされている必要があります。

解　説

1　技能実習生の宿泊施設の基準

実習実施者又は監理団体は、技能実習生のための適切な宿泊施設を確保しなければなりません。適切な宿泊施設として、以下の事項が確認できることが必要であるとされています（運用要領4章2節第10(2)）。

① 宿泊施設を確保する場所は、爆発物、可燃性ガス等の火災による危険の大きい物を取扱い・貯蔵する場所の付近、高熱・ガス・蒸気・粉じんの発散等衛生上有害な作業場の付近、騒音・振動の著しい場所、雪崩・土砂崩壊のおそれのある場所、湿潤な場所、出水時浸水のおそれのある場所、伝染病患者収容所建物及び病原体によって汚染のおそれの著しいものを取り扱う場所の付近を避ける措置を講じていること

② 2階以上の寝室に寄宿する建物には、容易に屋外の安全な場所に

通ずる階段を2箇所以上（収容人数15人未満は1箇所）設ける措置を講じていること

③　適当かつ十分な消火設備を設置する措置を講じていること

④　寝室については、床の間・押入れを除き、1人当たり4.5m²以上を確保することとし、個人別の私有物収納設備、室面積の7分の1以上の有効採光面積を有する窓及び採暖の設備を設ける措置を講じていること

⑤　就眠時間を異にする2組以上の技能実習生がいる場合は、寝室を別にする措置を講じていること

⑥　食堂又は炊事場を設ける場合は、照明・換気を十分に行い、食器・炊事用器具を清潔に保管し、ハエその他の昆虫・ネズミ等の害を防ぐための措置を講じていること

⑦　他に利用し得るトイレ、洗面所、洗濯場、浴場のない場合には、当該施設を設けることとし、施設内を清潔にする措置を講じていること

⑧　宿泊施設が労働基準法10章に規定する「事業の附属寄宿舎」に該当する場合は、同章で定められた寄宿舎規則の届出等を行っており、又は速やかに行うこととしていること

　なお、監理団体等が確保した宿泊施設とは別の物件を技能実習生が宿泊施設として希望した場合（例えば近隣の賃貸物件を希望した場合）には、技能実習生の自己負担により、前記の基準を満たす宿泊施設に宿泊施設を変更することは差し支えありませんが、その場合には技能実習計画の変更の届出が必要となります。

2　技能実習生が定期に負担する費用

　技能実習法施行前は、技能実習生が不当に高額な費用を請求される

事例も指摘されていましたが、技能実習法施行規則14条4号において、その費用が実費に相当する等適正な額でなければならないことが明確化されました。食費、居住費、水道・光熱費など技能実習生が定期に負担する費用については、技能実習生との間で合意がされている必要があります。

[32] 技能実習生の生活基盤の構築

Q 技能実習生が日本での生活をスタートするに当たり、どのようなサポートが必要ですか。

A 技能実習生は最長で5年間、日本で生活することになります。実習実施者は、技能実習生の生活面のサポートを担う生活指導員を配置することが定められています。技能実習生が我が国での生活をスタートするに当たり、必要な手続として、転入届の提出、銀行口座の開設等があります。円滑に日常生活を送るためには、交通ルール、公共交通機関の利用方法、買い物の仕方、ゴミの出し方等についての理解が必要ですので、これらについて理解できるようにサポートすることが必要です。

解説

1 生活指導員の配置

技能実習生の我が国における生活上の留意点について指導する役割を担う者として、実習実施者は生活指導員を配置することが定められています（規則12①三）。生活指導員は、技能実習生の生活状況を把握するほか、技能実習生の相談に乗るなどして、問題の発生を未然に防止することが求められます。なお、生活指導員が全ての生活指導を自ら行わなければならないものではなく、補助者を付けて生活指導をすることも可能です（運用要領4章2節第7(3)）。

生活指導員は、技能実習生を生活面から直接指導する必要があることから、技能実習を行わせる事業所に所属して勤務する者を選任しなければなりません（運用要領4章2節第7(3)）。

第3章　技能実習生の受入体制の整備と受入れの実施　　139

2　手続面のサポート

　技能実習生は、来日後、日本国内に住所を定めてから14日以内に市区町村の窓口に転入届を提出しなければなりません。また、技能実習生もマイナンバー制度の対象となります。これらの手続について、サポートをする必要があります。

　賃金の支払に当たり、技能実習生は銀行口座を開設する必要があります。銀行口座の開設には印鑑が必要となりますが、印鑑を所持していない技能実習生もいますので、確認してください。

　技能実習生が携帯電話を契約するケースもありますが、契約内容を正確に理解しないまま契約をするとトラブルとなることが想定されますので、サポートをすることが望ましいです。

　技能実習生の入国後の日本語学習をサポートする補助教材として、日本語学習WEBコンテンツがあります。技能実習生が自律学習を進める上で、インターネット環境の整備にも配慮してください。

3　生活面のサポート

　技能実習生が母国と異なるルールや文化に戸惑わないように、日本での生活について十分に説明する必要があります。

　交通ルールは、技能実習生の母国と異なるケースも想定されるため、歩行者は右側通行であること、自動車や自転車は左側通行であることを教えておく必要があります。あわせて公共交通機関の利用方法についても教えてください。また、電車内等では携帯電話の通話は控えるなどのマナーについても教えましょう。

　いつけがをしたり病気になるか分かりませんので、最寄りの病院を伝えておきましょう。日本は他国と比較すると、災害（地震、津波、台風）が多いため、避難場所についても確認してください。

　食料品や日用品を購入するお店を案内し、日本では買い物の際に消

費税がかかることを説明しましょう。

　ゴミの分別は自治体によって異なります。地域住民とのトラブルを避ける観点からも、ルールをしっかりと守るように伝えましょう。

　20歳未満の喫煙、飲酒は法律違反となります。また、路上喫煙が条例違反となる自治体もあります。技能実習生が認識なく法律違反をすることがないように、説明しなければなりません。

4　地域社会との共生

　優良な実習実施者の要件として「地域社会との共生」があります（介護職種運用要領第3）。技能実習生がゴミ拾いなどのボランティア活動に参加することや、正月、花見、月見等の季節ごとのイベントを実施し、日本の文化を学ぶ機会をアレンジすることは、技能実習生が日本での生活に慣れるために有効ですので、このような催しを企画、実施することが求められます。

第 4 章

技能実習生への
指導方法と
労務管理

142

第4章　技能実習生への指導方法と労務管理　　143

（技能実習生への具体的な指導方法）

[33]　技能実習生との信頼関係の構築

Q 技能実習生と信頼関係を構築するために、どのような配慮が必要でしょうか。

A 技能実習生への指導に当たっては、指導者はまず技能実習生と信頼関係を構築することが必要です。そのために、技能実習生の文化的な背景について理解し、配慮することが重要です。技能実習生は日本と異なる国民性、価値観、宗教観等を持っています。実習実施者や監理団体は、文化の相違を認識し、技能実習生との相互理解に努め、技能実習に円滑に取り組める環境整備を図る必要があります。

解　説

1　技能実習生との関係の構築

　技能実習生は指導者の指示の下に介護を実践することとされています。技能実習生と指導者のコミュニケーションに誤解が生じると、事故等の思わぬトラブルを引き起こすことも考えられるため、技能実習生に指導者の指示を正確に理解してもらう必要があります。

　指導者は、指導の際に技能実習生の表情を見ながら、理解しているかを確かめながら話す必要があります。技能実習生が「分かりません」と言える関係を構築することが重要です。技能実習生は理解していなくても「はい」と言うことも考えられますので、理解しているかどうかを、質問で確認することも有効です。

2　宗教的な配慮

　技能実習生が信仰する宗教について最大限配慮することが求められます。例えば、イスラム教徒（ムスリム）の多くはラマダン（断食月）期間中、夜明けから日の入りまで飲食をしません。汗を大量にかく入浴介助などの業務への配置については、配慮する必要があります。また、毎日5回お祈りを行いますので、お祈りの場所の確保も必要です。ムスリムの女性が頭を覆う布（ジルバブ、ビジャブ）の着用についても、着用を認める配慮が必要です。食事面では、ムスリムは豚肉を食べず、お酒は飲みません。ムスリムが安心して食事をできる基準として、「ハラールマーク」があり、対応している店も少しずつではありますが増えてきています。

　このように技能実習生が信仰する宗教について理解し、最大限の尊重と配慮が求められます。

3　文化的な配慮

　技能実習生に対する指導方法について、文化的な配慮も必要となります。文化圏によっては、できないことを人前で指摘することに対して侮辱されたと感じることもありますので、人前で注意することは避け、別室で伝えるなどの配慮も必要です。技能実習生の国籍から文化的に必要な配慮について事前に調べておくと円滑な指導につながります。

4　技能実習生のメンタルヘルスケア

　「介護職種の技能実習生の受入れに関するガイドライン（技能実習制度への介護職種の追加に向けた準備会平成29年9月29日策定）」により、2名以上の技能実習生の受入れが認められている事業所は、技能実習生のメンタルヘルスケアの観点から、技能実習生を2名以上受け入れることが望ましいとされています。技能実習生を1名しか受け入れ

ない事業所は、技能実習生を受け入れている近隣の事業所と連携して技能実習生や地域における外国人相互の交流の場を設けることなどにより、技能実習生のメンタルヘルスケアに努めることとされています。

　利用者の中には外国人に対して好意的な感情を持たない方もおり、技能実習生に対して否定的な言葉かけをすることも想定されます。そのような場合は、技能実習生の心理的なフォローに努め、正しく理解してもらえるように調整することが実習実施者の役割として求められます。特に事業所から選任される生活指導員は、技能実習生の生活上又は職業上の相談に応じることなどにより、技能実習生が高い意欲を持って実習に取り組める環境の整備に努めなければなりません。

[34] 技能実習生への指導をする際の日本語の使い方

Q 技能実習生に指導する際、日本語で注意すべき点は何でしょうか。

A 技能実習生が技能を修得するに当たり、指導者の指示を理解することは不可欠ですが、日本語能力が十分でない技能実習生が、日本語の指示を正確に理解することは難しいと思われます。そのため、技能実習生の指導については、分かりやすい日本語を使って説明するなどの配慮が必要となります。

解説

1 分かりやすい日本語で話す工夫
分かりやすい日本語で話す工夫のポイントは以下のとおりです。
① はっきり、ゆっくり話す。
② 繰り返す。質問する。
③ 短い文で話す。
④ まずは共通語（標準語）で話す。
⑤ 文末は「～です」「～ます」「～か？」で話す（「兄弟、何人？」を「兄弟は何人ですか？」等）。
⑥ 漢字熟語は和語に言い換えて話す（「朝食」を「朝ごはん」等）。
⑦ 敬語は使わないで話す（「お母さん、おいくつ？」を「お母さんは何歳ですか？」等）。
⑧ 短縮語は普通の形で話す（「運んどいて」を「運んでおいて」等）。
⑨ 文末表現は断定的な言い方で話す（「このゴミはここに捨てちゃいけないことになっているんだ」を「このゴミはここに捨ててはい

第4章　技能実習生への指導方法と労務管理　　147

けません」等)。

(「技能実習生との円滑なコミュニケーションのために　「わかりやすい日本語」
の話し方　改訂版」(公益財団法人　国際研修協力機構) を参考に作成)

2　介護現場での日本語コミュニケーションの工夫と配慮

　介護現場での日本語コミュニケーションの工夫と配慮として、以下
のような対応が有効です。

① 丁寧語、敬語等の使い方に慣れる工夫

　　丁寧語等を覚えておけば、利用者に対して失礼になりません。日
本人職員も、技能実習生に丁寧語で接するようにします。

② 外国人特有の発音等の問題への対応

　　発音の問題から技能実習生と利用者との会話が成り立たない場合
は、日本人職員がサポートします。

③ 方言、世代に特有な言い回しに慣れる工夫

　　実習開始当初は、極力、方言は使わずに標準語で伝えます。重要
な言葉は方言の一覧表を作り、実習中に技能実習生が確認できるよ
うにしておくことが有効です。

④ 技能実習生の聞き間違いや理解した「ふり」を防ぐ工夫

　　利用者等からの依頼に対して、技能実習生が「はい」と返事をす
ると、利用者側は理解してもらえたと思ってしまうことから、技能
実習生が内容を聞き間違っていた場合、利用者の不利益につながる
可能性があることを説明する必要があります。技能実習生が利用者
や家族と関わる機会があれば、技能実習生に対して利用者や家族か
ら質問や要望がなかったか、確認することが重要です。

　　利用者や家族からの依頼内容は、すぐに日本人職員に報告をする
ように指導し、聞き取れなかった場合は、理解できないことを意思
表示するか、日本人職員に再度聞いてもらうように指導します。技

能実習生が慣れるまでは、日本人職員が家族・利用者からの質問に対応するようにしましょう。

⑤　技能実習生が会議や研修等に参加する際の配慮

　　日本語が十分に使いこなせない時期に、会議等に参加することは、技能実習生にとって負担となり、日本語学習や実習への意欲を低下させるおそれがあるため、タイミングが重要です。

⑥　技能実習生に報告や申し送りをしてもらうときの工夫

　　ゆっくりと技能実習生の話を聞き、思い当たる単語を日本人職員側から言って、技能実習生の説明を助けます。利用者の体調に関する異常等の報告があった際は、一緒にその場まで行き、確認します。

⑦　利用者や家族への説明、突発的な事態への対応の工夫

　　技能実習生が利用者に同意を求める必要がある事項や、家族に説明を行う場面では、日本人職員が付いて一緒に話をし、トラブルにならないよう、適宜フォローします。

[35] 介護業務に関する指導を行う際のポイント

Q 介護業務を指導する際のポイントは何でしょうか。

A 我が国の介護は単なる作業ではなく、利用者の自立支援を実現するための思考過程に基づく行為として整理されています。そのため、介護行為に必要な考え方、根拠などの理解も含め、介護業務を指導することが求められています。

解説

1 介護業務を指導する際のポイント

(1) 自立支援

利用者の身体機能の維持・向上を図るため、利用者に「自分でできること」をしていただくことは当然ですが、何らかの理由で「やらなくなっていること」を発見し、利用者自身が自分でできるように支援します。

必要以上の介護は利用者の身体能力を奪うことにもなるため、注意が必要です。

(2) 利用者主体

介護を行う際は、利用者本人の意向を確認し、同意を得る必要があります。

事業所や介護者の都合を優先させるのではなく、利用者が自分で考えて決定し、自分でできることを行っていくことは、利用者の自尊心を高め、尊厳を保持することにつながります。

(3) 利用者特性に応じた対応

利用者の心身の状態等は一人ひとり異なり、同様に、提供する介護

も一人ひとり異なります。利用者の特性に合わせた介護を行うために
は、介護職員が障害の特性や疾病・疾患の特徴等を理解した上で観察
し、アセスメントする必要があることを伝える必要があります。

（4）　介護過程、計画に基づいたチームケア

我が国では、介護過程や計画に基づき、チーム全体で利用者の介護
を行っています。そのため、同僚である介護職員や他職種と連携しな
がら、利用者の状態を多角的に見ていくものであることを伝える必要
があります。

（5）　報告・連絡・相談

介護現場では、利用者のケアをチームで行うため、連携を心がける
ことが重要です。そのためには、業務に関する「報告・連絡・相談」
は不可欠であることを伝える必要があります。

2　具体的な介護業務のポイント

（1）　各業務の根拠や考え方の伝達

我が国の介護は、単なる作業ではなく、利用者の尊厳を尊重し、自
立支援を実現するための思考過程に基づく行為として整理されていま
す。

例えば、着脱介助の原則である「脱健着患」について、なぜ服を脱
ぐときは健側から介助するのか、その根拠についても伝える必要があ
ります。

（2）　コミュニケーション能力向上のための支援

介護業務は利用者の意向の確認等、コミュニケーション能力が求め
られます。また、介護はチームケアであるため、記録や申し送り等も
重要な業務です。

これらの業務の修得には、一定の日本語能力が必要とされます。技
能実習生が申し送りに参加し、介護に関する用語等に触れることや、
レクリエーションを実施するなどの利用者とのコミュニケーションの
機会を作ることにより、より効果的な実習となります。

第4章　技能実習生への指導方法と労務管理　　　　151

[36]　チェックリストの作成

Q　技能実習生への技能移転状況を確認するために、どのような資料を作成すればよいでしょうか。

A　技能実習の履行を確認する書類として技能実習日誌（規則22①三）がありますが、この日誌のみでは、技能実習生に対する技能の移転状況の確認は難しいことが想定されます。技能の修得状況を点検、確認するために、チェックリストを作成することが有効です。

解　説

　技能実習計画全体の進捗状況の把握は、技能実習日誌や技能実習プログラム（[37]参照）のみでは困難であるため、技能の修得状況を点検、確認するツールとして、チェックリスト等を作成することが有効です。

　このチェックリストは監理団体による巡回指導等においても活用できることが想定されます。以下に技能チェックリストを例示します。様式については定められていないため、各実習実施者が使用しやすい様式を作成してください。

【技能チェックリスト（例）】

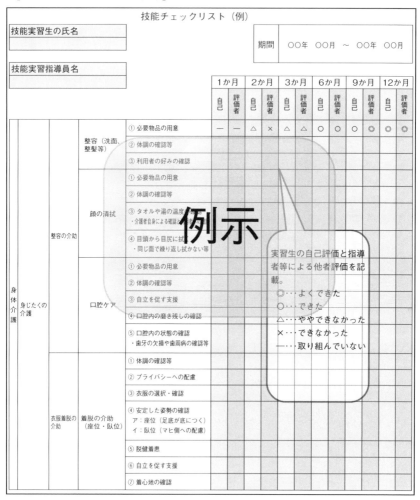

第４章　技能実習生への指導方法と労務管理　　153

[37]　技能実習プログラムの作成

Q 技能実習生の実習開始当初の不安を軽減するために、どのような取組みができるのでしょうか。

A 実習開始1、2か月目の技能実習生の不安は大きいことが想定されます。実習開始当初の技能実習生が安心して実習できるように、実習の内容、担当の技能実習指導員、質問できる職員を、技能実習生が理解できるような書式で分かりやすく記載した技能実習プログラムを作成し、技能実習生に明確に提示することが有効です。

解　説

　技能実習プログラムの具体例として、以下に2例を示します。
　例1は、技能実習生受入れの初期（1、2か月目等）を想定したもので、技能実習生にとって詳細に1日の流れが分かり、担当者氏名も明示されているものです。
　例2は、実習開始から3か月目〜半年程度を想定したもので、1週間以上の業務の流れがおおまかに分かるようなものです。
　これらの様式については、各実習実施者が使用しやすい様式を検討し、作成してください。
　また、この技能実習プログラムは、技能実習生だけでなく、実習実施者の職員に対しても明確に周知することが重要です。

154　第４章　技能実習生への指導方法と労務管理

【技能実習プログラム（例1）】

●●●●●実習計画表		期間	○○年　○○月　〜　○○年　○○月			
技能実習生の氏名						

時間	日課表	（月）	（火）	（水）	（木）	（金）
7:30	早出出勤 食堂準備・食堂誘導					
8:00	朝食・朝食介助 後かたづけ 排泄介助 おむつ交換					
8:30	朝礼 シーツ交換 居室清掃	朝礼 食事見守り介助 片づけ・誘導	朝礼 食事見守り介助 片づけ・誘導	朝礼 食事見守り介助 片づけ・誘導	朝礼 食事見守り一部介助 片づけ・誘導	朝礼 食事見守り一部介助 片づけ・誘導
9:30	遅出出勤・夜勤退勤	居室掃除	居室掃除	居室掃除	居室掃除	居室掃除
9:50	ミーティング 排泄・水分補給 入浴・レクリエーション リネン・身体ケア	ミーティング	ミーティング 巡回指導	ミーティング	巡回指導	ミーティング
10:30		水分補給介助	水分補給介助	水分補給介助	水分補給介助	入浴介助
11:00	超遅出出勤・食堂誘導 朝食準備					食堂誘導
12:00	昼食・昼食介助 居室への誘導	昼食配膳、見守り 昼食見学・介助 下膳・誘導	昼食配膳、見守り 食事一部介助 下膳、誘導	昼食配膳、見守り 食事一部介助 下膳、誘導	昼食配膳、見守り 食事一部介助 下膳、誘導	昼食配膳、見守り 食事一部介助 下膳、誘導
12:30		休憩	休憩	休憩	休憩	休憩
13:00						
13:30	入浴 入浴介助 トイレでの排泄介助 水分補給・レクリエーション	水分補給介助	水分補給介助	入浴介助 水分補給介助	レクリエーション	レクリエーション
16:00	早出退勤 夜勤引継ぎ 食堂誘導	休憩 食堂誘導	休憩 食堂誘導	休憩 食堂誘導	休憩 食堂誘導	休憩 食堂誘導
16:30						
17:00						
17:15	夕食・夕食介助 夕食片づけ 誘導	配膳・夕食見守り介助 一部食事介助	配膳・夕食見守り介助 一部食事介助	配膳・夕食見守り介助 一部食事介助	配膳・夕食見守り介助 一部食事介助	配膳・夕食見守り介助 一部食事介助
17:30	日勤者退勤	終了	終了	終了	終了	終了
18:30						

技能実習指導員名					
指導補助者名					

・始まり1〜2ヶ月程度のプログラムを想定
　（始まりは流れが分かりづらいため、詳細に記載を想定）

第4章　技能実習生への指導方法と労務管理　　155

【技能実習プログラム（例2)】

実習生の日課予定

技能実習生の氏名	技能実習指導員名	指導補助者	期間	○○年 ○○月 ○○日〜 ○○年 ○○月 ○○日

実習時間　日勤　○○時〜○○時まで
　　　　　休憩　○○時〜○○時まで
　　　　　※実習生は実習開始前にその日の目標を指導者に伝えてください。
　　　　　※指導者は実習終了後、感想・疑問点・不安な点などを実習生に確認してください。

	月曜日 ○／○		火曜日 ○／○		水曜日 ○／○		木曜日 ○／○		金曜日 ○／○		※土日祝は休み
	am	pm	am	pm	am	pm	am	pm	am	pm	備考
実習生	オリエンテーション	ユニットの雰囲気になれる ※ミーティング参加									
技能実習指導員											
指導補助者											

	○／○		○／○		○／○		○／○		○／○		備考
	am	pm	am	pm	am	pm	am	pm	am	pm	
実習生											
技能実習指導員											
指導補助者											

・開始3ヶ月〜半年程度のものを想定

[38] 実習開始後の日本語の学習方法

Q 実習開始後、技能実習生はどのように日本語を学んでいけばよいでしょうか。

A 介護職種の技能実習は対人サービスという特性から、技能実習制度において唯一、日本語能力要件が設定されています。日本語学習は技能実習の全過程において重要ですが、第2号技能実習（2年目）に移行するためには日本語能力試験N3程度以上の日本語能力が必要となるため、第1号技能実習の期間における日本語学習は非常に重要です。

効率的に日本語学習を進めるツールとして、平成29年度介護職種の技能実習生の日本語学習支援事業において開発された日本語自律学習支援ツール（WEBコンテンツ）等があります。

解説

技能実習生が円滑に実習を進めながら、日本語能力要件をクリアするためには、実習開始後も日本語学習を継続して行うことが必要です。

実習実施者は、技能実習生の日本語学習環境を整備するために平成29年度介護職種の技能実習生の日本語学習支援事業において開発された日本語自律学習支援ツール（WEBコンテンツ）等を活用して技能実習生の自律的な学習を促すなどし、技能実習生の継続的な日本語能力の向上に努めることが重要です。以下のプログラムが厚生労働省ホームページや公益社団法人日本介護福祉士会ホームページで公開されています。

第4章　技能実習生への指導方法と労務管理　　　157

・介護の日本語の共通テキスト
・実習実施者における日本語学習指導者向けの手引き
・日本語学習コンテンツ
　なお、技能実習法48条2項において、「技能実習関係者は、技能実習生の外出その他の私生活の自由を不当に制限してはならない」と定められており、日本語学習について、この規定に抵触しないよう留意する必要があります。

[39] 医行為の取扱い

Q 母国の看護師免許を有している技能実習生が、日本で医行為を行うことはできますか。

A 母国の看護師免許を有していても、我が国の看護師免許を有していない限り、我が国において、医行為を行うことはできません。介護業務は基本的に介護に関する資格を有していなくてもその業務を行うことが可能ですが、介護職員として実施することのできない行為や、一定の条件を満たした上で可能となる行為もありますので、技能実習生は法的に認められた範囲内で介護業務を行うことが大前提となります。

解説

1 介護職員として実施できる行為

原則として医行為ではないと考えられる行為は「医師法第17条、歯科医師法第17条及び保健師助産師看護師法第31条の解釈について」（平成17年7月26日医政発第0726005号）において、以下のように示されています。基本的に介護職員は、医師や看護師の判断を要するものは実施することはできません。

なお、業として以下の行為を行う場合には、実施者に対して一定の研修や訓練が行われることが望ましく、介護サービスの事業者等は、業務遂行上、安全にこれらの行為が行われるよう監督することが求められています。

＜原則として医行為ではないと考えられる行為＞
・水銀体温計・電子体温計により腋下で体温を計測すること、及び耳式電子体温計により外耳道で体温を測定すること

第4章 技能実習生への指導方法と労務管理 159

・自動血圧測定器により血圧を測定すること
・新生児以外の者であって入院治療の必要がないものに対して、動脈血酸素飽和度を測定するため、パルスオキシメータを装着すること
・軽微な切り傷、擦り傷、やけど等について、専門的な判断や技術を必要としない処置をすること（汚物で汚れたガーゼの交換を含む。）
・下記の①〜③の条件を満たしていることを医師、歯科医師又は看護職員が確認し、これらの免許を有しない者による医薬品の使用の介助ができることを本人又は家族に伝えている場合に、事前の本人又は家族の具体的な依頼に基づき、医師の処方を受け、あらかじめ薬袋等により、患者ごとに区分し授与された医薬品について、医師又は歯科医師の処方及び薬剤師の服薬指導の上、看護職員の保健指導・助言を遵守した医薬品の使用を介助すること。具体的には皮膚への軟膏の塗布（褥瘡の処置を除く。）、皮膚への湿布の貼付、点眼薬の点眼、一包化された内用薬の内服（舌下錠の使用も含む。）、肛門からの坐薬挿入又は鼻腔粘膜への薬剤噴霧を介助すること
　① 患者が入院・入所して治療する必要がなく容態が安定していること
　② 副作用の危険性や投薬量の調整等のため、医師又は看護職員による連続的な容態の経過観察が必要である場合ではないこと
　③ 内用薬については誤嚥の可能性、坐薬については肛門からの出血の可能性など、当該医薬品の使用の方法そのものについて専門的な配慮が必要な場合ではないこと
　※上記に掲げる医薬品の使用の介助が福祉施設等において行われる場合には、看護職員によって実施されることが望ましく、また、その配置がある場合には、その指導の下で実施されるべきである。
　以下に掲げる行為も、原則として介護職員が実施することが可能です。
・爪を爪切りで切ること及び爪ヤスリでやすりがけすること（爪その

ものに異常がなく、爪の周囲の皮膚にも化膿や炎症がなく、かつ、糖尿病等の疾患に伴う専門的な管理が必要でない場合。）
・口腔ケア（重度の歯周病等がない場合の日常的な口腔内の刷掃・清拭において、歯ブラシや綿棒又は巻き綿子などを用いて、歯、口腔粘膜、舌に付着している汚れを取り除き、清潔にすること。）
・耳垢を除去すること（耳垢栓塞の除去を除く。）
・ストマの装具のパウチにたまった排泄物を捨てること（肌に接着したパウチの取り替えを除く。）
・自己導尿を補助するため、カテーテルの準備、体位の保持などを行うこと
・市販のディスポーザブルグリセリン浣腸器（※）を用いて浣腸すること
　　※挿入部の長さが5から6cm程度以内、グリセリン濃度50%、成人用の場合で40g程度以下、6歳から12歳未満の小児用の場合で20g程度以下、1歳から6歳未満の幼児用の場合で10g程度以下の容量のもの

2　喀痰吸引等の実施

　平成24年度から介護職員等は一定の条件を満たした上で、喀痰吸引等（口腔内の喀痰吸引、鼻腔内の喀痰吸引、気管カニューレ内部の喀痰吸引、胃ろう又は腸ろうによる経管栄養、経鼻経管栄養）を実施することが可能となりました。

　喀痰吸引等を実施するには、実務者研修によって定められている医療的ケアの講義、演習を修了し、実地研修を修了すること、又は喀痰吸引等研修を修了することが必要です。その上で、認定特定行為業務従事者認定証の交付を受け、登録事業者に従事することで、その実施が可能となります。所定の研修等を修了していない技能実習生に医療的ケアを実施させることは医師法17条などの関係法令違反となり、処罰の対象となります。

（労務管理）

[40] 労務管理上の留意点

Q 技能実習生の労務管理をする上で、気を付けなければならないことは何でしょうか。

A 外国人を雇用する事業主は、雇入れの際の届出が義務付けられており、怠った場合は罰則の対象となります。外国人雇用のルールをしっかりと理解し、守らなければなりません。

技能実習生である外国人も日本人と同様に、労働基準法や健康保険法などの労働関係法令及び社会保険関係法令が適用されます。これらの仕組みを外国人である技能実習生に分かりやすく説明し、しっかりと理解してもらうことが重要です。

解説

1 外国人雇用状況の届出制度

外国人を雇用する事業主は、外国人労働者（特別永住者及び在留資格が「外交」・「公用」の者を除きます。）の雇入れ及び離職の際に、その氏名、在留資格、在留期間等を、ハローワーク（公共職業安定所）を通じて厚生労働大臣へ届け出ることが雇用対策法により義務付けられています。届出を怠ったり虚偽の届出を行った場合には、30万円以下の罰金の対象になります。

162　　第4章　技能実習生への指導方法と労務管理

2　労働条件の明示（労基15）

　労働者を雇い入れたときには、下記の事項を示した労働条件通知書を交付するなど、労働条件を明示しなければなりません。母国語で表記をするなど技能実習生が理解できる方法で行ってください。

＜書面で明示すべき労働条件＞

労働契約期間、就業場所及び従事すべき業務、労働時間（始業・終業時刻、休憩時間、休日等）、賃金（賃金額、支払の方法、賃金の締切り及び支払日）、退職に関する事項（定年の有無、解雇事由等）

3　労働保険・社会保険の適用

　日本人と同様に、労働者災害補償保険、雇用保険、健康保険、年金保険が適用されます。給与明細書の支払総額と手取り額の差異について、技能実習生が理解できるように説明してください。

4　健康診断の実施（労安66）

　受入企業は、技能実習生を雇い入れたときの雇入れ時健康診断と、1年以内ごとに1回、定期に実施する定期健康診断を実施しなければなりません。

5　実習実施機関の講ずべき安全・健康確保措置

　実習実施機関は、安全衛生管理体制を確立するとともに、必要な危険防止措置などを講じなければなりません。技能実習生に対する安全衛生教育を実施するに当たっては、母国語や、分かりやすい日本語で伝え、技能実習生が教育内容を確実に理解・実行することができるように、配慮する必要があります。

6 技能実習生手帳の活用

　外国人技能実習機構が作成・配布している技能実習生手帳（ベトナム語版、中国語版、インドネシア語版、タガログ語版、タイ語版、モンゴル語版、ミャンマー語版、カンボジア語版、英語版）は、技能実習生向けに労働関係法令の概要や生活利便向上のための事項を解説しています。説明の際に活用してください。

[41] 技能実習生の報酬の設定

Q 技能実習生の報酬はどのように設定すればよいでしょうか。

A 技能実習生の報酬の額は同程度の技能等を有する日本人労働者と同等以上でなければならず、技能実習生であるという理由で、報酬を低くすることは認められません。技能実習計画の認定申請者（実習実施者）はこの点について説明する書類を添付することが定められています。

技能実習生の報酬の設定は、制度の信頼性を確保する観点から非常に重要です。報酬額の設定と説明の留意点、報酬額の優良要件について十分に理解しなければなりません。

解説

1 報酬額の設定

技能実習法9条9号において、技能実習計画の認定要件として、「技能実習生に対する報酬の額が日本人が従事する場合の報酬の額と同等以上であることその他技能実習生の待遇が主務省令で定める基準に適合していること」が定められています。

技能実習生に対する報酬の額は、技能実習生であるという理由で不当に低くなることがあってはなりません。また、技能検定等の受検料や監理団体に支払う監理費等の費用がかかるからといって、技能実習生の報酬の額を低くすることは許されません（運用要領4章2節第10(1)）。

実習実施者や監理団体は、技能実習生の待遇について、①外国人が理解しにくい日本独自の賞与や手当等の賃金構造、税金についても、

第4章　技能実習生への指導方法と労務管理　　165

技能実習生が理解できるよう説明を徹底する取組や、②同等処遇の担保の実効性が上がるよう、事業主が自発的に賃金規程を公表することを推奨する取組を進めることが望ましいとされています（介護職種の技能実習生の受入れに関するガイドライン5）。

2　報酬額の説明

　技能実習計画の認定申請に際しては、技能実習生に対する報酬の額が日本人が従事する場合の報酬の額と同等以上であることを説明する書類を添付することが定められています（法8③、規則8十四）。

　(1)　同程度の技能等を有する日本人労働者がいる場合

　技能実習生の任される職務内容や技能実習生の職務に対する責任の程度が当該日本人労働者と同等であることを説明した上で、当該日本人労働者に対する報酬の額と同等以上であることを説明する必要があります（運用要領4章2節第10(1)）。

　(2)　同程度の技能等を有する日本人労働者がいない場合

　技能実習生に対する報酬の額が日本人労働者に対する報酬の額と同等以上であるということについて、賃金規程がある場合には同規程に照らした個々の企業の報酬体系の観点から、賃金規程がない場合には、例えば、技能実習生の任される職務内容や技能実習生の職務に対する責任の程度が最も近い職務を担う日本人労働者と比べてどのように異なるかという観点から説明を行うこととなります（運用要領4章2節第10(1)）。

3　報酬額の優良要件

　技能実習生の待遇に関し積極的な配慮を行う実習実施者を推奨する観点から、以下の優良要件が定められています（[14]参照）。

（1） 第1号技能実習生

優良な実習実施者の要件の加点要素として「第1号技能実習生の賃金（基本給）のうち最低のものと最低賃金の比較」があります。

（2） 第2号、第3号技能実習生

優良な実習実施者の要件の加点要素として「技能実習生の賃金に係る技能実習の各段階ごとの昇給率」があります。

この点については、技能実習の適正な実施及び技能実習生の保護に関する基本方針において、「第2号技能実習及び第3号技能実習の賃金が前段階の技能実習よりも上回るなど技能等の習熟度に応じた賃金の格付けを行う等、技能実習生が技能等の修得等をしようとする意欲の向上に資するようにすることが必要」とされており、適切な昇給率の設定が推奨されています。

[42] 技能実習生の保護

Q 技能実習制度では、技能実習生を保護する仕組みはありますか。

A 技能実習法では、特に技能実習生の保護を目的として技能実習の強制、違約金設定、旅券又は在留カードの保管等に対する禁止規定を定めており、これに違反した場合は罰則が適用されることになります。

また、賃金の未払など実習実施者や監理団体に法令違反があった場合に、技能実習生がその事実を主務大臣に申告できることを定めています。

解説

具体的な技能実習生の保護に係る規定は次のとおりです。
① 暴力、脅迫、監禁等による技能実習の強制の禁止（法46）
　　実習監理者又はその役職員が、暴行、脅迫、監禁その他精神又は身体の自由を不当に拘束する手段によって、技能実習生の意思に反して技能実習を強制することを禁止しています（罰則規定は法108）。
② 技能実習に係る契約の不履行についての違約金等の禁止（法47）
　　実習監理者又はその役職員が、技能実習生等又はその配偶者、直系若しくは同居の親族その他技能実習生等と社会生活において密接な関係を有する者との間で、技能実習に係る契約の不履行について違約金を定め、又は損害賠償額を予定する契約をすることを禁止しています（罰則規定は法111四）。

③　旅券・在留カードの保管等の禁止（法48）

　技能実習を行わせる者若しくは実習監理者又はこれらの役職員が、技能実習生の旅券や在留カード（本人の常時携行義務があります。）を保管することを禁止しています（罰則規定は法111五）。

　また、技能実習を行わせる者若しくは実習監理者又はこれらの役職員が、技能実習生の外出その他の私生活の自由を不当に制限することを禁止しています（罰則規定は法111六）。

④　主務大臣に対する申告（法49）

　実習実施者若しくは監理団体又はこれらの役職員が技能実習法令の規定に違反する事実がある場合においては、技能実習生は、その事実を主務大臣に申告することができることとしています。

　この申告については、外国人技能実習機構が実施する母国語による相談窓口（電話、メール）を通じて行うこともでき、入国後講習において、法的保護に必要な情報について講習する際に、技能実習生に対して確実に周知することが求められています。

　なお、実習実施者若しくは監理団体又はこれらの役職員が、技能実習生が申告をしたことを理由として技能実習の中止その他不利益な取扱いをすることを禁止しています（罰則規定は法111七）。

第 5 章

その他

170

[43] 他国における日本の介護のニーズ

Q 技能実習生の母国において、日本の介護を取り入れたいとするニーズはあるのでしょうか。

A 今後、高齢化が急速に進むアジア諸国等においては、認知症高齢者の増加等、介護ニーズの高度化・多様化に対応している我が国の介護技能を取り入れようとする動きがあり、厚生労働省では、既に、ベトナム、カンボジア、モンゴルからの要請があるとしています。

解説

アジア諸国についてみると、今後、急速に高齢化が進むことが見込まれており、地域別に高齢化率の今後の推移をみると、これまで高齢化が進行してきた先進地域はもとより、開発途上地域においても、高齢化が急速に進展すると見込まれています。

これによると、例えば2030年には、中国では高齢化率が17％を、タイでは19％を超えることが想定されています。

【アジア諸国の高齢化率（総人口に占める65歳以上の人の割合）の推移】

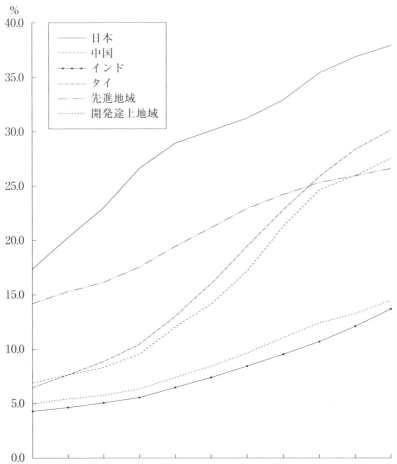

※先進地域とは、北部アメリカ、日本、ヨーロッパ、オーストラリア及びニュージーランドからなる地域をいう。開発途上地域とは、アフリカ、アジア（日本を除く。）、中南米、メラネシア、ミクロネシア及びポリネシアからなる地域をいう。

（UN，World Population Prospects：The 2015 Revisionを基に作成。ただし日本は、2015年までは総務省「国勢調査」、2020年以降は国立社会保障・人口問題研究所「日本の将来推計人口（平成29年推計）」の出生中位・死亡中位仮定による推計結果による。）

第5章　その他　　173

[44]　帰国後の技能等の活用状況

Q 技能実習生は帰国後、日本で学んだ技能等を母国で役立てているのでしょうか。

A 厚生労働省の「平成28年度「帰国技能実習生フォローアップ調査」」によると、95.7％が技能実習期間を通じて学んだことが「役に立った」と回答しています。

技能実習生の要件として「本国に帰国後本邦において修得等をした技能等を要する業務に従事することが予定されていること」（[20]参照）が定められていますが、この調査結果から、技能実習制度の目的が一定程度達成されていることが読み取れます。

技能実習のゴールは技能実習生の帰国ではなく、技能実習生が日本で学んだ技能等を母国で活用することですので、実習内容は帰国後の技能移転を視野に入れたものでなければなりません。

解　説

1　技能実習生の帰国後のフォローアップの推進

「「技能実習制度の見直しに関する法務省・厚生労働省合同有識者懇談会」報告書」において、技能の移転の確保について、技能実習生の帰国後のフォローアップの推進が指摘されました。

技能実習生が修得した技能等の帰国後の活用状況に関する追跡調査（フォローアップ調査）については、技能実習生の自由な回答を引き出せるものとし、送出国及び送出機関等の協力を得ながら、技能実習生の帰国後、適当な時期に我が国政府において実施すべきであること、監理団体においても、国が行ったフォローアップ結果等を通じて技能

移転の状況を確認し、次回以降の適正な受入れのために活用する等して、技能等が確実に移転されるよう努めるものとすべき、とされています。

2　「平成28年度「帰国技能実習生フォローアップ調査」」

　調査によると、技能実習期間を通じて学んだことが「役に立った」と回答した人は、95.7％となっています。役に立った具体的な内容は、「修得した技能」の割合が69.8％と最も高くなっています。

　帰国後の就職状況について「雇用されて働いている（28.7％）」、「雇用されて働くことが決まっている（12.4％）」又は「起業している（14.2％）」と回答した人は55.3％となっています。

　「雇用されて働いている」、「雇用されて働くことが決まっている」又は「起業している」回答者について、従事する仕事の内容は、「実習と同じ仕事（50.2％）」又は「実習と同種の仕事（20.3％）」と回答した人が70.5％となっています。

※後掲「技能実習の効果」「帰国後の就職状況」を参照してください（出典：厚生労働省ホームページ「平成28年度「帰国技能実習生フォローアップ調査」（概要）」）。

第5章　その他

技能実習の効果

技能実習の効果

技能実習期間を通じて学んだことが「役に立った」と回答した人は、95.7%となっている。

役に立った内容

役に立つ具体的な内容は、「修得した技能」の割合が69.8%と最も高く、「日本で貯めたお金」が62.2%、「日本語能力の修得」が60.1%と続く。

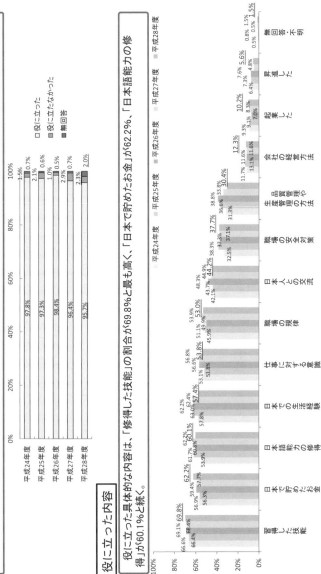

第5章 その他

帰国後の就職状況

帰国後の就職状況

帰国後の就職状況について「雇用されて働いている」(28.7%)、「雇用されて働くことが決まっている」(14.2%)または「起業している」(12.4%)または「起業している」(14.2%)と回答している。また、帰国後「仕事を探している」と回答した人は55.3%となっている。人は28.6%となっている。

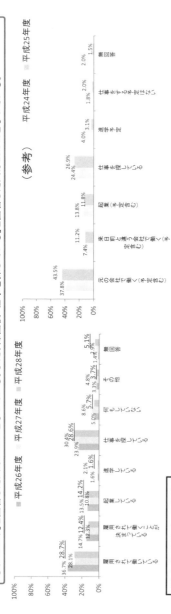

従事する仕事の内容

「雇用されて働いている」、「雇用されて働くことが決まっている」または「起業している」と回答した回答者について、従事する仕事の内容は「実習と同じ仕事」(50.2%)または「実習と同種の仕事」(20.3%)と回答した人が70.5%となっている。

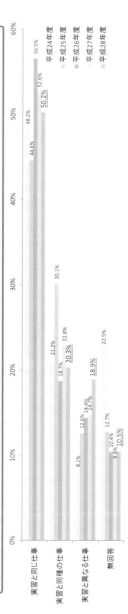

第5章　その他　　　　　　　　　　177

[45]　技能実習に係る関連機関

Q 技能実習に関連する機関にはどのようなものがありますか。

A 技能実習に関連する主な機関としては、技能実習計画の認定等を行う外国人技能実習機構（OTIT）、技能実習に係る様々な事業を展開している公益財団法人国際研修協力機構（JITCO）、技能実習評価試験実施機関があります。それぞれの機関の役割と業務内容について以下に解説します。

解　説

1　外国人技能実習機構（OTIT）

　外国人技能実習機構は技能実習法に定められた認可法人であり、平成29年1月に設立されました。外国人の技能、技術又は知識の修得、習熟又は熟達に関し、技能実習の適正な実施及び技能実習生の保護を図り、もって人材育成を通じた開発途上地域等への技能等の移転による国際協力を推進することを目的としています。

　技能実習制度は平成5年からスタートしましたが、一部、制度の趣旨を理解しない受入機関による法令違反が生じており、入管法令による間接的な規制の枠組みによる制度の適正化には限界がありました。そのため、技能実習法を制定し、監理団体の許可や技能実習計画の認定の仕組みを設け、受入機関を直接規制するという新たな枠組みを構築しました。外国人技能実習機構は、この監理団体の認可、技能実習計画の認定を行う非常に重要な役割を担っています。それ以外にも、所掌業務として、実習実施者・監理団体への報告要求、実地検査、技能

実習生の相談対応・援助・保護等があります。

　本部事務所の他、全国に13か所（本所8か所、支所5か所）の地方事務所で業務を実施しています（[46]参照）。

2　公益財団法人国際研修協力機構（JITCO）

　平成3年に法務省、外務省、厚生労働省、経済産業省、国土交通省の5省共管により設立された財団法人です。平成24年に内閣府所管の公益財団法人に移行しました。

　公益財団法人国際研修協力機構は外国人技能実習制度の円滑な運営・適正な拡大に寄与することを事業目的として、受入支援、手続支援、送出支援、人材育成支援、実習生保護支援の五つの支援事業を柱に制度利用者に対する総合的な支援を行っています。

3　技能実習評価試験実施機関

　技能実習制度では、技能の修得状況を確認するために、技能実習評価試験実施機関が選定され、全国統一の試験が実施されます。介護職種の技能実習においては、介護業界内の合意と技能実習評価試験の整備等に関する専門家会議における確認を得て、一般社団法人シルバーサービス振興会が技能実習評価試験実施機関として選定されています。技能実習評価試験に関する情報は、シルバーサービス振興会のホームページを参照してください。

第5章　その他　　　　　　　　　　　　　　　　　　179

[46] 問合せ先

技能実習制度に関する問合せは、どこにすればよいですか。

技能実習制度に関する問合せは、外国人技能実習機構（OTIT）へお問い合わせください。

ただし、問い合わせる内容により、連絡先が異なりますので、ご注意ください。

また、公益財団法人国際研修協力機構（JITCO）は総合支援機関として制度の利用に関する様々な相談に応じています。制度を利用する際のお尋ねについてはJITCOにも問い合わせることができます。

解　説

問合せの内容による連絡先は、次のとおりです。
① 　監理団体の許可に関すること
　　03－6712－1923（外国人技能実習機構　監理団体部）
② 　技能実習計画の認定に関すること
　　03－6712－1938（外国人技能実習機構　技能実習部）
　　※地方事務所・支所においても問合せを受け付けています。
③ 　技能実習計画の認定に関すること
　　外国人技能実習機構の全国13か所の地方事務所、支所
　＜札幌＞
　　外国人技能実習機構　札幌事務所　電話番号：011-596-6470
　　　担当区域：北海道

<仙台>
　外国人技能実習機構　仙台事務所　電話番号：022-399-6326
　　担当区域：青森県、岩手県、宮城県、秋田県、山形県、福島県
<東京>
　外国人技能実習機構　東京事務所　電話番号：03-6433-9211
　　担当区域：栃木県、群馬県、埼玉県、千葉県、東京都、神奈川
　　　　　　　県、山梨県
<水戸>
　外国人技能実習機構　水戸支所　電話番号：029-350-8852
　　担当区域：茨城県
<長野>
　外国人技能実習機構　長野支所　電話番号：026-217-3556
　　担当区域：新潟県、長野県
<名古屋>
　外国人技能実習機構　名古屋事務所　電話番号：052-684-8402
　　担当区域：岐阜県、静岡県、愛知県、三重県
<富山>
　外国人技能実習機構　富山支所　電話番号：076-471-8564
　　担当区域：富山県、石川県、福井県
<大阪>
　外国人技能実習機構　大阪事務所　電話番号：06-6210-3351
　　担当区域：滋賀県、京都府、大阪府、兵庫県、奈良県、和歌山
　　　　　　　県
<広島>
　外国人技能実習機構　広島事務所　電話番号：082-207-3123
　　担当区域：鳥取県、島根県、岡山県、広島県、山口県

第5章　その他　　　　　　　　　　　　　181

　　＜高松＞

　　　　外国人技能実習機構　　高松事務所　　電話番号：087-802-5850

　　　　　　担当区域：徳島県、香川県

　　＜松山＞

　　　　外国人技能実習機構　　松山支所　　電話番号：089-909-4110

　　　　　　担当区域：愛媛県、高知県

　　＜福岡＞

　　　　外国人技能実習機構　　福岡事務所　　電話番号：092-710-4070

　　　　　　担当区域：福岡県、佐賀県、長崎県、大分県、沖縄県

　　＜熊本＞

　　　　外国人技能実習機構　　熊本支所　　電話番号：096-223-5372

　　　　　　担当区域：熊本県、宮崎県、鹿児島県

④　制度の利用に関する全般的な案内（JITCOの一般相談）

　　03－4306－1160（実習支援部相談課）

　※他の部門・地方駐在事務所でも相談内容別に問合せを受けています。

　　以下のサイトに問合せ先が掲載されています。

　　https://www.jitco.or.jp/、（2018.5.9）

[47]　日本介護福祉士会の取組み

Q　日本介護福祉士会は、介護職種の技能実習生の受入れについて、どのように向き合っているのですか。

A　入国する介護分野の技能実習生に、適切に介護の技能を修得してもらい、母国で、その技能を活かしてもらうため、次の取組みを行っています。
①　介護職種の技能実習指導員講習の実施
②　技能実習生を対象とした日本語学習支援
③　日本の介護の考え方を学ぶためのテキスト開発

解説

それぞれの取組みは次のとおりです。
なお、いずれも公益社団法人日本介護福祉士会のホームページから詳細を確認することができます。
①　介護職種の技能実習指導員講習の実施
　　介護技能の適切な移転を図るためには、技能実習生の指導の要となる技能実習指導員が、技能実習制度とあわせて、技能実習生に修得してもらう介護技能の内容、指導方法等も理解する必要があります。
　　そこで、介護職種の技能実習指導員講習を通して、これらの内容を周知する取組みを行っています。
②　技能実習生を対象とした日本語学習支援
　㋐　入国前の技能実習生（候補者）を支援するためのサイト
　　　既にN4程度の日本語能力試験に合格している技能実習生（候

補者）が、N4レベルの習熟度を高め、N3レベルの学習が円滑に始められるようにするため、難易度の高いN4レベルの問題を提供するWEBサイトを提供しています。

㋑　入国後の技能実習生を支援するためのサイト

入国後の技能実習生が、N3程度の日本語能力試験に合格することを支援するため、N3程度の日本語能力試験に合格することを目指した練習問題や、学習目標や学習の進捗状況を確認することができる自律学習支援ツール（WEBコンテンツ）を提供しています。

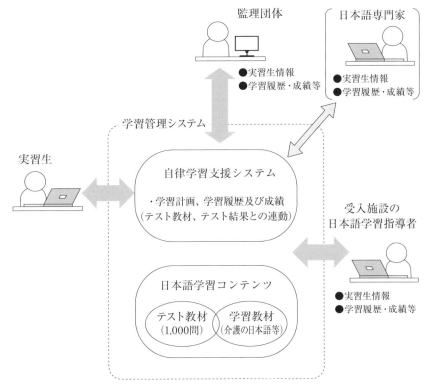

なお、このサイトでは、介護現場で使用する日本語を学ぶための介護の日本語テキスト（WEB版）も提供しています。

③　日本の介護の考え方を学ぶためのテキスト開発

　　入国後2・3年目の技能実習生に、適切に「日本の介護の考え方」を理解してもらうための学習テキスト「学んでみよう日本の介護」を開発し、WEBからダウンロードできるようにしています。

資　料

186

資　　料　　　　187

○「介護職種について外国人の技能実習の適正な実施及び技能実習生の保護に関する法律施行規則に規定する特定の職種及び作業に特有の事情に鑑みて事業所管大臣が定める基準等」について

$$\left(\begin{array}{l}\text{平成29年9月29日}\\\text{社援発0929第4号}\\\text{老 発 0929 第 2 号}\end{array}\right)$$

厚生労働省社会・援護局長、厚生労働省老健局長から都道府県知事、政令市・中核市長、地方厚生（支）局長宛

　本日、「外国人の技能実習の適正な実施及び技能実習生の保護に関する法律施行規則の一部を改正する省令の一部を改正する省令」（平成29年法務省・厚生労働省令第5号）が公布され、本年11月1日から、技能実習制度の対象職種に介護職種が追加される。
　また、「外国人の技能実習の適正な実施及び技能実習生の保護に関する法律施行規則の一部を改正する省令」（平成29年法務省・厚生労働省令第1号）による改正後の「外国人の技能実習の適正な実施及び技能実習生の保護に関する法律施行規則」（平成28年法務省・厚生労働省令第3号。以下「規則」という。）においては、法務大臣及び厚生労働大臣が定める特定の職種及び作業にあっては、事業所管大臣が、技能実習計画の認定基準等について、告示でその職種及び作業に固有の要件を定めることができる制度となっているところ、「介護職種について外国人の技能実習の適正な実施及び技能実習生の保護に関する法律施行規則に規定する特定の職種及び作業に特有の事情に鑑みて事業所管大臣が定める基準等」（平成29年厚生労働省告示第320号。以下「告示」という。）が別添のとおり本日付けで告示され、本年11月1日から適用することとされている。
　ついては、介護職種における規則・告示の解釈、適用等については下記のとおりであるので、ご了知願いたい。また、各自治体におかれては、貴管下市町村のほか、事業者、関係団体等に対し、その周知徹底方をお願いする。

記

第一　技能実習計画の認定の基準
　一　技能実習の内容の基準
　　1　技能実習生について

(1) 同等業務従事経験等（規則第10条第2項第3号ホ）

　　規則第10条第2項第3号ホに規定する「本邦において従事しようとする業務と同種の業務に外国において従事した経験を有すること又は団体監理型技能実習に従事することを必要とする特別な事情があること」については、技能実習制度本体の運用によるが、例えば、次に掲げる者が該当すること。

・　外国における高齢者又は障害者の介護施設又は居宅等において、高齢者又は障害者の日常生活上の世話、機能訓練又は療養上の世話等に従事した経験を有する者

・　外国における看護課程を修了した者又は看護師資格を有する者

・　外国の政府による介護士認定等を受けた者

(2) 日本語能力要件（告示第1条第1号）

① 　告示第1条第1号イに規定する「その他これと同等以上の能力を有すると認められる者」とは、次に掲げる者であること。

・　日本語能力試験（独立行政法人国際交流基金及び公益財団法人日本国際教育支援協会が実施する日本語能力試験をいう。以下同じ。）のN3、N2又はN1に合格している者

・　平成22年3月31日までに実施された日本語能力試験において、3級、2級又は1級に合格している者

・　J.TEST実用日本語検定（特定非営利活動法人日本語検定協会が実施するJ.TEST実用日本語検定をいう。以下同じ。）のE-Fレベル試験において350点以上取得している者又はA-Dレベル試験において400点以上取得している者

・　日本語NAT－TEST（株式会社専門教育出版が実施する日本語NAT－TESTをいう。以下同じ。）の4級、3級、2級又は1級に合格している者

　　なお、上記に掲げる者と同等以上の能力を有すると外国の政府及び関係機関が認める者等についても、追加することがあるものであること。

② 　告示第1条第1号ロに規定する「その他これと同等以上の能力を有すると認められる者」とは、次に掲げる者であること。

・　日本語能力試験のN2又はN1に合格している者

・　平成22年3月31日までに実施された日本語能力試験において、2級又は1級に合格している者

・　J.TEST実用日本語検定のA-Dレベル試験において400点以上取

得している者

・　日本語NAT－TESTの3級、2級又は1級に合格している者

　なお、上記に掲げる者と同等以上の能力を有すると外国の政府及び関係機関が認める者等についても、追加することがあるものであること。

2　入国後講習について（告示第1条第2号）

　(1)　日本語科目（告示第1条第2号イからハまで）

　　①　告示別表第1及び別表第2の中欄に掲げる教育内容に含まれる事項は次のとおりであること。

　　・総合日本語：①文法（文の文法、文章の文法）、②語彙（文脈規定、言い換え類義、用法）、③待遇表現、④発音、⑤正確な聞き取り、⑥話題に即した文作成

　　・聴解：①発話表現、②即時応答、③課題理解、④ポイント理解、⑤概要理解

　　・読解：①内容理解、②情報検索

　　・文字：①漢字読み、②表記

　　・発音：①拍、②アクセント、③イントネーション

　　・会話：①場面に対応した表現、②文末表現

　　・作文：①文章構成、②表現方法

　　・介護の日本語：①からだの部位等の語彙、②介護の場面に応じた語彙・声かけ

　　②　告示第1条第2号ハに規定する「その他これと同等以上の能力を有すると認められる者」とは、次に掲げる者であること。

　　・　学校教育法（昭和22年法律第26号）に基づく大学（短期大学を除く。）又は大学院において日本語教育に関する科目の単位を26単位以上修得して当該大学を卒業し又は当該大学院の課程を修了した者

　　・　公益財団法人日本国際教育支援協会（昭和32年3月1日に財団法人日本国際教育協会として設立された法人をいう。）が実施する日本語教育能力検定試験に合格した者

　　・　学士の学位を有する者であって、日本語教育に関する研修で適当と認められるもの（420単位時間（1単位時間は45分以上とする。）以上の課程を有するものに限る。）を修了したもの

　　・　学校教育法に基づく大学（短期大学を除く。）又は大学院に相当する海外の大学又は大学院において日本語教育に関する課程を修めて当該大学を卒業し又は当該大学院の課程を修了した者

190 資　料

　　　・　学士の学位を有する者であって、技能実習計画の認定の申請の日
　　　から遡り3年以内の日において出入国管理及び難民認定法第7条第1
　　　項第2号の基準を定める省令の留学の在留資格に係る基準の規定に
　　　基づき日本語教育機関等を定める件（平成2年法務省告示第145号）
　　　別表第1、別表第2及び別表第3に掲げる日本語教育機関で日本語教
　　　員として1年以上従事した経験を有し、かつ、現に当該日本語教育機
　　　関の日本語教員の職を離れていないもの
(2)　技能等の修得等に資する知識の科目（告示第1条第2号ニ、ホ）
　①　告示別表第3の中欄に掲げる教育内容に含まれるべき事項は次のと
　　おりであること。
　　　・介護の基本Ⅰ・Ⅱ：①介護の基本Ⅰ（介護職の役割、介護職の職業
　　　倫理、介護における安全の確保とリスクマネジメント、介護職の安
　　　全、介護過程、介護における尊厳の保持・自立支援）、②介護の基本
　　　Ⅱ（からだのしくみの理解、介護を必要とする人の理解（老化の理
　　　解、認知症の理解、障害の理解））
　　　・コミュニケーション技術：①コミュニケーションの意義と目的、②
　　　コミュニケーションの基本的技法、③形態別コミュニケーション
　　　・移動の介護：①移動の意義と目的、②基本的な移動の介護（体位変
　　　換、移動（歩行、車いす移動等））、③移動介助の留意点と事故予防
　　　・食事の介護：①食事の意義と目的、②基本的な食事の介護、③食事
　　　介助の留意点と事故予防
　　　・排泄の介護：①排泄の意義と目的、②基本的な排泄の介護（ポータ
　　　ブルトイレ、便器・尿器、おむつ等）、③排泄介助の留意点と事故予
　　　防
　　　・衣服の着脱の介護：①身じたくの意義と目的、②基本的な着脱の介
　　　護、③着脱介助の留意点と事故予防
　　　・入浴・身体の清潔の介護：①入浴・身体の清潔の意義と目的、②基
　　　本的な入浴の介護（特殊浴槽、チェアー浴、一般浴槽等）、③入浴以
　　　外の身体清潔の方法（足浴・手浴、身体清拭）、④褥瘡の予防、⑤入
　　　浴・身体清潔の介助の留意点と事故予防
　②　技能等の修得等に資する知識の科目の講義の講師について、告示第
　　1条第2号ホに規定する「その他これと同等以上の知識及び経験を有す
　　ると認められる者」とは、次に掲げる者であること。
　　　・　社会福祉士及び介護福祉士法（昭和62年法律第30号）第40条第2項
　　　第4号に規定する高等学校又は中等教育学校の教員として、社会福

祉士介護福祉士学校指定規則（平成20年文部科学省・厚生労働省令第2号）別表第5に定める介護福祉基礎、コミュニケーション技術、生活支援技術、介護過程又は介護総合演習に関し教授した経験を有する者

- ・　社会福祉士及び介護福祉士法第40条第2項第5号に規定する学校又は養成施設の教員として、社会福祉士介護福祉士養成施設指定規則（昭和62年厚生省令第50号）別表第5に定める介護の基本Ⅰ若しくはⅡ、コミュニケーション技術、生活支援技術Ⅰ若しくはⅡ又は介護過程ⅠからⅢまでのいずれかの科目を教授した経験を有する者
- ・　介護保険法施行規則（平成11年厚生省令第36号）第22条の23第1項に規定する介護職員初任者研修課程における介護保険法施行規則第22条の23第2項に規定する厚生労働大臣が定める基準（平成24年厚生労働省告示第71号）別表に定める介護の基本、介護におけるコミュニケーション技術又はこころとからだのしくみと生活支援技術のいずれかの科目を教授した経験を有する者
- ・　社会福祉士及び介護福祉士法附則第2条第1項各号に規定する高等学校又は中等教育学校の教員として、社会福祉士介護福祉士学校指定規則附則第2条第2号の表に定める介護福祉基礎、コミュニケーション技術、生活支援技術、介護過程又は介護総合演習のいずれかの科目を教授した経験を有する者

(3)　時間数の免除
①　告示第1条第2号イ、ロ及びニに規定する「時間数の一部を免除することができる」とは、技能実習制度本体の取扱と同様、入国前講習（規則第10条第2項第7号ハに規定する入国前講習をいう。以下同じ。）において、入国後講習で行うこととされている日本語科目又は技能等の修得等に資する知識の科目の講義に相当するものが行われ、その時間数がそれぞれの科目について告示で定められた合計時間数の2分の1以上である場合には、入国後講習において、その科目の総時間数を告示で定められた合計時間数の2分の1を上限として免除することができるものであること。

　　教育内容ごとの時間数についても、入国前講習において行ったそれぞれの科目の講義における教育内容ごとの時間数を上限として、入国後講習において、告示で定める時間数の全部又は一部を免除することができるものであること。
②　入国前講習において行われた日本語科目の講義が、入国後講習で行

うこととされている当該科目の講義に相当するものと認められるため
には、告示で定める教育内容について、次のア又はイに掲げる者が講
義を行うことが必要であること。
ア　告示第1条第2号ハに掲げる者
イ　海外の大学を卒業又は海外の大学院の課程を修了した者であっ
て、技能実習計画の認定の申請の日から遡り3年以内の日において
外国における日本語教育機関で日本語教員として1年以上従事した
経験を有し、かつ、現に日本語教員の職を離れていないもの
③　入国前講習において行われた技能等の修得等に資する知識の科目の
講義が、入国後講習で行うこととされている当該科目の講義に相当す
るものと認められるためには、告示で定める教育内容について、告示
第1条第2号ホに掲げる者が講義を行うことが必要であること。
二　技能実習を行わせる体制について（告示第2条）
1　技能実習指導員について（告示第2条第1号）
告示第2条第1号に規定する「その他これと同等以上の専門的知識及び技
術を有すると認められる者」とは、次に掲げる者であること。
・　修得等をさせようとする技能等について5年以上の経験を有することに
加え、3年以上介護等の業務に従事し、実務者研修を修了した者であって、
申請者が技能実習指導員としての適格性を認めたもの
・　看護師、准看護師の資格を有する者
2　技能実習を行わせる事業所について（告示第2条第3号イ）
告示第2条第3号イ及び第5条第1号イに規定する「介護等の業務」とは、社
会福祉士及び介護福祉士法第40条第2項第5号に規定する「介護等の業務」で
あって、介護福祉士試験の受験資格の認定において「介護等の業務」に従事
したと認められるものであること。具体的には（別紙1）のとおりであるこ
と。
3　夜勤業務等について（告示第2条第5号）
夜勤は、昼間と異なり少人数での勤務となるため利用者の安全性に対す
る配慮が特に必要となるとともに、技能実習生の心身両面への負担が大き
いことから、技能実習生を夜勤業務等に配置する際には、利用者の安全を確
保し、技能実習生を保護するための措置を講ずることが必要であること。

第二　監理団体の業務の実施に関する基準（告示第5条）
告示第5条第1号ロに規定する「イに掲げる者と同等以上の専門的知識及び技
術を有すると認められる者」とは、次に掲げる者であること。

・　看護師、准看護師の資格を有する者であって、5年以上の実務経験を有するもの
・　介護等の業務を行う施設又は事業所の施設長又は管理者として3年以上勤務した経験を有する者
・　介護支援専門員であって、5年以上介護等の業務に従事した経験を有する者

告示第5条第1号に定める要件を満たす技能実習計画作成指導者については、常勤・非常勤であるかは問わないものであること。

第三　技能実習生の配置基準上の取扱いについて
1　介護施設等における報酬上の配置基準の取扱いについて
　　次の①又は②に該当する介護職種の技能実習生については、法令に基づく職員等の配置基準において、職員等とみなす取扱いとすること。
　①　技能実習を行わせる事業所において実習を開始した日から6月を経過した者
　②　日本語能力試験のN2又はN1（平成22年3月31日までに実施された審査にあっては、2級又は1級）に合格している者
2　診療報酬上の配置基準の取扱いについて
　　介護職種の技能実習生が、看護補助者として病院又は診療所において看護師長及び看護職員の指導の下に療養生活上の世話等の業務を行う場合における看護補助者の配置基準においては、当該技能実習生を員数に含めて算定しても差し支えないものであること。

第四　その他
　　介護職種における技能実習生の受入れに当たっては、「外国人の技能実習の適正な実施及び技能実習生の保護に関する法律」（平成28年法律第89号）の施行後において同法第54条第1項に規定する事業協議会への移行が想定される「技能実習制度への介護職種の追加に向けた準備会」において、（別紙2）のとおり、「介護職種の技能実習生の受入れに関するガイドライン」が策定されているので、これを踏まえ、介護職種の技能実習を適正に実施するための取組みをさらに推進されたい。

（別紙1）　〔省略〕

（別紙2）

介護職種の技能実習生の受入れに関するガイドライン

技能実習制度への介護職種の追加に向けた準備会
平成29年9月29日策定

　介護職種の技能実習制度においては、その固有の要件として、「介護職種について外国人の技能実習の適正な実施及び技能実習生の保護に関する法律施行規則に規定する特定の職種及び作業に特有の事情に鑑みて事業所管大臣が告示で定める基準等」（平成29年厚生労働省告示第320号。以下「告示」という。）が定められているが、介護職種の技能実習の適正な実施のための取組を更に進めるため、本協議会において、介護職種の技能実習生を受け入れるに当たって留意すべき事項や実習実施者等が行うことが望ましい取組などを示すガイドラインを下記のとおり定める。

1. 介護職種の技能実習生の受入れに関して留意すべき事項

　○　技能実習制度は、開発途上地域等への技能等の移転を図り、その経済発展を担う「人づくり」に協力することを目的とする制度として、我が国の国際貢献において重要な役割を果たしている。介護職種の技能実習生の受入れにおいても、人材不足への対応を目的とするものではなく、技能実習制度の趣旨に沿って、人材育成を通じた開発途上地域等への技能等の移転による国際協力の推進を図ることを目的として実施する。実習実施者や監理団体は、上記を踏まえ、適切に技能実習を実施する。

　○　また、「アジア健康構想に向けた基本方針」（平成28年7月29日健康・医療戦略推進本部決定）においては、アジアにおける高度な介護人材の育成及び環流の推進が大きな柱の一つとして掲げられ、アジアの潜在的な高齢者関連市場が帰国後の技能実習生が活躍できる場とされている。実習実施者は、帰国後の技能実習生が母国の高齢者関連市場において中核的な人材として活躍していただけるよう、技能実習を実施していく。

資　　料　　　　195

---

2. 技能実習生の日本語能力に関して留意すべき事項

(1) 日本語能力要件について

○ 実習実施者や監理団体は、1年目（入国時）は「N3」程度を望ましい水準として、技能実習生が2年目の業務への円滑な移行を図るために、より高い日本語能力を持って入国できるように努める。具体的には以下の取組を行う。

・ 政府が開発した「日本語自律学習支援ツール（WEBコンテンツ）」を活用して技能実習生の入国前からの自律的な学習を促すこと。

・ 現地の日本語教育機関と連携するなどし、N3程度の日本語能力を有する技能実習生の候補者の育成を行うこと。

(2) 実習期間中の日本語学習について

○ 技能実習生が、実習を円滑に進めるとともに、2年目移行時の日本語能力要件を満たすためには、実習開始後も日本語学習が継続して行われることが重要である。このため、実習実施者は、技能実習生の日本語学習環境を整備するために政府が開発した以下のプログラムを活用するとともに、「日本語自律学習支援ツール（WEBコンテンツ）」を活用して技能実習生の自律的な学習を促すなどし、技能実習生の継続的な日本語能力の向上に努める。

・ 実習実施者において行う日本語学習に用いる標準的なプログラム
・ 介護の日本語の共通テキスト
・ 実習実施者における日本語学習指導者向けの手引き
・ 聴解に特化した学習プログラム

（各プログラムについては厚労省HPで公開。）

○ 特に、N3程度を未取得の技能実習生を受け入れる場合には、実習実施者は、日本語学習指導者として日本語教育の専門家を配置することが望ましい。実習実施者に配置することが難しい場合には、監理団体が日本語教育の専門家による定期巡回・相談を行う等の取組を行うことが望ましい。

---

3. 入国後講習について留意すべき事項

○ 実習実施者や監理団体は、(1)日本語、(2)本邦での生活一般に関する知識、(3)技能実習生の法的保護に必要な情報、(4)本邦での円滑な技能等の修得等

に資する知識の4つの科目について、第1号技能実習の予定時間全体の1／6以上（入国前講習を行った場合には、1／12以上）の時間をかけて入国後講習を行うこととされている。（外国人の技能実習の適正な実施及び技能実習生の保護に関する法律施行規則（平成28年法務省・厚生労働省令第3号。以下「規則」という。）第10条第2項第7号）

○　介護職種については、日本語と本邦での円滑な技能等の修得等に資する知識（介護導入講習）の科目の講師について一定の要件が課されているが（告示第1条第2号ハ及びホ）、所定の要件に加えて、日本語を担当する講師については、外国人への教育経験を有する者、介護導入講習を担当する講師については、3年以上の教授歴を有する者が担当することが望ましい。

4.　実習の実施について留意すべき事項

(1)　夜勤等について
　○　実習実施者は、技能実習生に夜勤業務その他少人数の状況の下での業務又は緊急時の対応が求められる業務（以下「夜勤等」という。）を行わせる場合にあっては、利用者の安全を確保し、技能実習生を保護するために必要な措置を講ずることとされている（告示第2条第5号）。このため、実習実施者は、技能実習生に夜勤等を行わせる場合にあっては、具体的には次のような措置を講じることが必要である。

　・　指導等に必要な数の技能実習生以外の介護職員（主として技能実習指導員）と技能実習生の複数名で業務を行う。
　※　技能実習生が配置される事業所と同一敷地内で一体的に運営されている事業所がある場合は、一体的に運営されている事業所に技能実習生以外の介護職員（主として技能実習指導員）を同時に配置する体制とすることも可能である。
　・　その他、利用者の安全及び技能実習生の心身への負担の回避の観点から、事業所の判断により、夜勤業務等を行わせるのは2年目以降の技能実習生に限定することも考えられる。

　○　また、上記の場合であっても、技能実習生の心身両面への負担や実習業務への影響を考慮し、夜勤業務については適切な範囲で実施する、技能実習生に対し有給休暇の取得を推奨する等の配慮を行うことが望ましい。

資　料　　　197

(2)　技能実習指導員について

○　実習実施者は、技能実習指導員が適切な指導を実施できるよう、技能実習
指導員に対して、介護の技能実習指導員講習会※を受講することを推奨する。

※　介護の技能実習指導員講習会

…　適切に技能移転が図られる体制を確保するため、技能実習指導員が、
「技能実習」の「指導者」としての役割を理解するとともに、技能実
習制度に即して効果的な技能実習ができるための知識及び技術を習得
することを目的として行われる講習会（平成29年度においては、厚生
労働省予算で実施。）。

【講習会の内容】（以下の内容以上とする。）

科目名	時間数	目標及び主な内容
技能実習指導員の役割	2.5	○技能実習指導員が求められる役割を担うために技能実習制度について理解する ・技能移転の意義 ・技能実習生の権利擁護　等 ○労働基準法及び関係労働法令について理解する。
移転すべき技能の理論と指導方法	1.5	○技能実習の対象とされる「介護」について理解する ・必須業務、関連業務、周辺業務について　等 ○移転すべき技能と指導のポイントを理解する
技能実習指導の方法と展開		○技能実習計画の作成と指導方法を理解する ・技能実習計画と実習プログラムの作成　等
技能実習指導における課題への対応	2.25	○技能実習生受入の留意点 ・技能実習生との向き合い方 ・コミュニケーションの取り方の留意点 ・生活習慣や文化の理解

		・日本語学習支援について　等
理解度テスト	0.75	・理解度テストの実施及び解説
合計	7.0	

5. 同等処遇の担保に関して留意すべき点

○　実習実施者や監理団体は、技能実習生の待遇について、日本人と同等の処遇を担保するため、以下の取組を進めることが望ましい。

・　外国人が理解しにくい日本独自の賞与や手当等の賃金構造、税金についても、技能実習生が理解できるよう説明を徹底する。
・　同等処遇の担保の実効性が上がるよう、事業主が自発的に賃金規程を公表することを推奨する。

6. その他

(1)　技能実習生の健康管理について

○　実習実施者や監理団体は、入国前に技能実習生の健康診断等を実施するとともに、入国後も健康指導や健康相談を行うことなどにより技能実習生の健康管理に努める。

(2)　技能実習生のメンタルヘルスケアについて

○　2名以上の技能実習生の受入れ人数枠が認められている事業所は、技能実習生のメンタルヘルスケアの観点から、技能実習生を2名以上受け入れることが望ましい。技能実習生を1名しか受け入れない事業所は、技能実習生を受入れている近隣の事業所と連携して技能実習生や地域における外国人相互の交流の場を設けることなどにより技能実習生のメンタルヘルスケアに努める。

○　また、技能実習を行わせる事業所ごとに1名以上選任することとされている生活指導員（規則第12条第1項第3号）が中心となって、定期的に技能実習生との面談の機会を設け、来日目的と技能実習生本人の将来について具体的に話し合うほか、技能実習生の生活上又は職業上の相談に応じることなどにより、技能実習生が高い意欲を持って実習に取り組める環境の整備に努める。

資　　料　　　　　199

(3)　相互理解について
　　○　日本と技能実習生の送り出し国では、国民性、価値観、宗教観等に違いが
　　　あるため、実習実施者や監理団体は、これらの違いをよく認識し、技能実習
　　　生との相互理解に努める。また、技能実習生が宗教を信仰している場合には、
　　　実習実施者や監理団体は、宗教施設へのアクセス等の情報を提供するなど技
　　　能実習生の信教に十分配慮する。

　　○　実習実施者や監理団体は、技能実習生の職場への適応や日本の生活習慣の
　　　修得が円滑に行われるよう、技能実習生に対して、地域活動やボランティア
　　　活動への参加等の地域社会との交流の機会を積極的にアレンジするよう努め
　　　る。

　　　　　　　　　　　　　　　　　　　　　　　　　　　　-以　　上-

(参　考)　〔省略〕

200 資　　料

○社会福祉法人における介護職種の技能実習生の受入れ等について

$$\begin{pmatrix} 平成29年9月29日 \\ 社援基発0929第1号 \end{pmatrix}$$

厚生労働省社会・援護局福祉基盤課長から各都道府県・指定都市・
中核市民生主管部（局）長宛

　平成28年11月28日付けで「外国人の技能実習の適正な実施及び技能実習生の保護に関する法律」（平成28年法律第89号。以下「技能実習法」という。）及び「出入国管理及び難民認定法の一部を改正する法律」（平成28年法律第88号。以下「入管法改正法」という。）が公布されたところです。

　技能実習制度については、本日、「外国人の技能実習の適正な実施及び技能実習生の保護に関する法律施行規則の一部を改正する省令の一部を改正する省令」（平成29年法務省・厚生労働省令第5号）が公布され、技能実習法の施行の日（平成29年11月1日）に、対象職種に介護職種が追加することとされたところです。技能実習制度は、開発途上地域等への技能等の移転を図り、その経済発展を担う「人づくり」に協力することを目的とする制度として、我が国の国際貢献において重要な役割を果たしており、技能実習制度の対象職種への介護職種の追加についても、技能実習制度の趣旨に沿って実施されるものです。

　一方、入管法改正法による改正後の出入国管理及び難民認定法（昭和26年政令第319号。以下「改正入管法」という。）では、専門的・技術的分野の外国人の積極的受入れと留学生の活躍支援という観点から、本年9月1日より、我が国の介護福祉士の資格を有する外国人を対象とする「介護」という在留資格を設け、介護福祉士養成施設を卒業して介護福祉士の国家資格を取得した外国人が、介護又は介護の指導を行う業務に従事する活動を行うことが可能となりました。

　こうした中、社会福祉法人（以下「法人」という。）においても、介護職種の技能実習生や在留資格を持つ外国人介護福祉士を受け入れることが考えられるため、具体的な運用に当たっての留意事項について、下記のとおりとりまとめたところです。つきましては、各都道府県、指定都市及び中核市におかれましては、本通知の内容等を御了知いただき、適切な法人認可及び指導監督等に当たっていただくとともに、都道府県におかれましては、貴管内の市（指定都市及び中核市を除き、特別区を含む。）に対して周知いただきますようお願いいたします。

　なお、本通知は、地方自治法（昭和22年法律第67号）第245条の9第1項及び第3項の規定に基づき都道府県又は市（特別区を含む。）が法定受託事務を処理するに

資　　料　　　　201

当たりよるべき基準として発出するものであることを申し添えます。

記

1　法人が運営する施設等における介護職種の技能実習生の受入れについて
　(1)　基準等の遵守等
　　　　技能実習制度の対象職種への介護職種の追加は、技能実習制度の趣旨に沿って人材育成を通じた開発途上地域等への技能等の移転による国際協力の推進を図ることを目的とするものである。法人が運営する施設等において介護職種の技能実習生の受入れを行う際には、「介護職種について外国人の技能実習の適正な実施及び技能実習生の保護に関する法律施行規則に規定する特定の職種及び作業に特有の事情に鑑みて事業所管大臣が定める基準等」(平成29年厚生労働省告示第320号) 及び「『介護職種について外国人の技能実習の適正な実施及び技能実習生の保護に関する法律施行規則に規定する特定の職種及び作業に特有の事情に鑑みて事業所管大臣が定める基準等』について」(平成29年9月29日社援発0929第4号、老発0929第2号厚生労働省社会・援護局長、老健局長連名通知) を遵守すること。

　(2)　費用の支弁
　　　　法人が、介護職種の技能実習生を受け入れるに当たり、実習実施者として監理団体の会員又は組合員になること等に伴い必要となる監理費を支出することは認められるものであること。また、監理団体が実習実施者から監理費以外を徴収することは、技能実習法において禁止されており、実習実施者として支出することは認められないので留意すること。
　　　　一方、法人が、監理団体を通じることなく、企業単独型技能実習として海外の現地法人、合弁企業や取引先企業の職員を介護職種の技能実習生として受け入れることは、法人が行う事業から生じた収益を法人外へ拠出することができないものとされていることから想定されないものであること。

　(3)　送出国における介護技能実習生候補者に対する支援等
　　　　法人が、介護職種の技能実習生の受入れを円滑に進めるため、送出国の送出機関や準備機関 (以下「送出機関等」という。)と連携し、研修事業の委託や、講師の派遣等を通じて、介護職種の技能実習生候補者の送り出しへの支援等を行うことも考えられる。こうした支援等は、「社会福祉法人の認可について」(平成12年12月1日障第890号、社援第2618号、老発第794号、児発

第908号厚生省大臣官房障害保健福祉部長、社会・援護局長、老人保健福祉局長、児童家庭局長連名通知。以下「認可通知」という。）第1の2(2)ケに規定する「社会福祉の増進に資する人材の育成・確保に関する事業（社会福祉士・介護福祉士・精神保健福祉士・保育士・コミュニケーション支援者等の養成事業等）」（以下「人材育成事業」という。）として、法人が行う公益事業の一つとして考えられる。

　このため、定款において人材育成事業を事業として規定していない法人が、こうした支援等を行うには、新たに同事業を加える定款変更の手続きが必要となるので留意すること。

　また、事業の実施に当たっては、当該法人の行う社会福祉事業の円滑な遂行を妨げるおそれのないものであることや、当該法人の行う社会福祉事業に対して従たる地位にあることが必要である等、認可通知等に規定する公益事業の条件を遵守する必要があること。

　加えて、送出機関等への出資等については、法人が行う事業から生じた収益を法人外へ拠出することができないとされていることから想定されないものであること。

2　法人が運営する施設等における在留資格を持つ外国人介護福祉士の受入れについて
　(1)　制度的位置付け
　　　改正入管法においては、専門的・技術的分野の外国人の積極的受入れと留学生の活躍支援という観点から、介護の分野においても、我が国の介護福祉士の資格を有する外国人を対象とする「介護」という在留資格を設けるものである。このため、法人が運営する施設等において在留資格を持つ外国人介護福祉士を受け入れることについては、国内における介護福祉士の採用と位置付けが異なるものではないこと。

　　　また、法人が、現に人材育成事業として介護福祉士養成施設の運営等を行っており、外国人留学生を受け入れる場合については、「社会福祉士養成施設及び介護福祉士養成施設の設置及び運営に係る指針について」（平成20年3月28日社援発第0328001号厚生労働省社会・援護局長通知）及び「社会福祉士学校及び介護福祉士学校の設置及び運営に係る指針について」（平成20年3月28日付け文科高第918号、社援発第0328002号）の別添2のⅠの6の(9)に留意すること。

　　　加えて、事業の実施に当たっては、当該法人の行う社会福祉事業の円滑な遂行を妨げるおそれのないものであることや、当該法人の行う社会福祉事

業に対して従たる地位にあることが必要である等の認可通知等に規定する公益事業の条件を遵守する必要があること。

(2)　送出国における留学生候補者に対する支援等

　　法人が、外国人留学生候補者の受入れや、実習に対する支援を行う場合において、送出国の日本語学校等の教育機関等（以下「教育機関等」という。）と連携し、留学生候補者に対する支援等を行うことも人材育成事業の一つとして考えられる。この場合、(1)と同様、事業の実施に当たっては、認可通知等に規定する公益事業の条件を遵守する必要があること。加えて、教育機関等への出資等については、法人が行う事業から生じた収益を法人外へ拠出することができないとされていることから想定されないものであること。

204 資　　料

○特定の職種及び作業に係る技能実習制度運用要領―介護職種の基準について―

$$\begin{pmatrix} 平 \ 成 \ 29 \ 年 \ 9 \ 月 \\ 法務省・厚生労働省編 \end{pmatrix}$$

（制定履歴）
平成29年9月29日公表
平成29年11月1日一部改正

○　外国人の技能実習の適正な実施及び技能実習生の保護に関する法律（平成28年法律第89号。以下「法」という。）及び外国人の技能実習の適正な実施及び技能実習生の保護に関する法律施行規則（平成28年法務省・厚生労働省令第3号。以下「規則」という。）は、主務大臣が制度全体の適正化を図ることに加え、個別の職種分野について、当該職種に係る知見を有する事業所管省庁が一定の関与を行い、適正化を図ることができる制度となっており、主務大臣と事業所管大臣は協議の上、当該特定の職種及び作業に特有の事情を踏まえた告示を制定することが可能となっています。

○　介護職種における技能実習については、介護職種について外国人の技能実習の適正な実施及び技能実習生の保護に関する法律施行規則に規定する特定の職種及び作業に特有の事情に鑑みて事業所管大臣が定める基準等（平成29年厚生労働省告示第320号。以下「告示」という。）において、固有の基準が定められています。また、「介護職種について外国人の技能実習の適正な実施及び技能実習生の保護に関する法律施行規則に規定する特定の職種及び作業に特有の事情に鑑みて事業所管大臣が定める基準等」について（平成29年9月29日社援発0929第4号・老発0929第2号。以下「解釈通知」という。）において、告示の解釈等が示されています。

○　各基準の詳細は以下のとおりです。

第1　技能実習の内容に関するもの

【関係規定】
　（技能実習の目標及び内容の基準）
規則第10条
　2　法第9条第2号（法第11条第2項において準用する場合を含む。）の主務省令

で定める基準のうち技能実習の内容に係るものは、次のとおりとする。

一・二　（略）

三・四　（後述）

五・六　（略）

七　（後述）

八　前各号に掲げるもののほか、法務大臣及び厚生労働大臣が告示で定める特定の職種及び作業に係るものにあっては、当該特定の職種及び作業に係る事業所管大臣（法第53条に規定する事業所管大臣をいう。以下同じ。）が、法務大臣及び厚生労働大臣と協議の上、当該職種及び作業に特有の事情に鑑みて告示で定める基準に適合すること。

告示第1条　介護職種に係る外国人の技能実習の適正な実施及び技能実習生の保護に関する法律施行規則（以下「規則」という。）第10条第2項第8号に規定する告示で定める基準は、次のとおりとする。

一～三　（後述）

（1）　技能実習生の基準に関するもの

【関係規定】

規則第10条

2

三　技能実習生が次のいずれにも該当する者であること。

イ　18歳以上であること。

ロ　制度の趣旨を理解して技能実習を行おうとする者であること。

ハ　本国に帰国後本邦において修得等をした技能等を要する業務に従事することが予定されていること。

ニ　企業単独型技能実習に係るものである場合にあっては、申請者の外国にある事業所又は第2条の外国の公私の機関の外国にある事業所の常勤の職員であり、かつ、当該事業所から転勤し、又は出向する者であること。

ホ　団体監理型技能実習に係るものである場合にあっては、本邦において従事しようとする業務と同種の業務に外国において従事した経験を有すること又は団体監理型技能実習に従事することを必要とする特別な事情

があること。

ヘ　団体監理型技能実習に係るものである場合にあっては、当該者が国籍又は住所を有する国又は地域（出入国管理及び難民認定法（昭和26年政令第319号。以下「入管法」という。）第2条第5号ロに規定する地域をいう。以下同じ。）の公的機関（政府機関、地方政府機関又はこれらに準ずる機関をいう。以下同じ。）から推薦を受けて技能実習を行おうとする者であること。

ト　第3号技能実習に係るものである場合にあっては、第2号技能実習の終了後本国に1月以上帰国してから第3号技能実習を開始するものであること。

チ　同じ技能実習の段階（第1号技能実習、第2号技能実習又は第3号技能実習の段階をいう。）に係る技能実習を過去に行ったことがないこと（やむを得ない事情がある場合を除く。）。

告示第1条

一　技能実習生が次のイ又はロに掲げる技能実習の区分に応じ、それぞれイ又はロに掲げる要件を満たす者であること。

イ　第1号技能実習　日本語能力試験（独立行政法人国際交流基金及び公益財団法人日本国際教育支援協会（昭和32年3月1日に財団法人日本国際教育協会として設立された法人をいう。）が実施する日本語能力試験をいう。ロにおいて同じ。）のN4に合格している者その他これと同等以上の能力を有すると認められる者

ロ　第2号技能実習　日本語能力試験のN3に合格している者その他これと同等以上の能力を有すると認められる者

解釈通知

第一　技能実習計画の認定の基準

一　技能実習の内容の基準

1　技能実習生について

(2)　日本語能力要件（告示第1条第1号）

①　告示第1条第1号イに規定する「その他これと同等以上の能力を有すると認められる者」とは、次に掲げる者であること。

・　日本語能力試験（独立行政法人国際交流基金及び公益財団法人日本国際教育支援協会が実施する日本語能力試験をいう。以

下同じ。）のN3、N2又はN1に合格している者
- 平成22年3月31日までに実施された日本語能力試験において、3級、2級又は1級に合格している者
- Ｊ.TEST実用日本語検定（特定非営利活動法人日本語検定協会が実施するＪ.TEST実用日本語検定をいう。以下同じ。）のE-Fレベル試験において350点以上取得している者又はA-Dレベル試験において400点以上取得している者
- 日本語NAT－TEST（株式会社専門教育出版が実施する日本語NAT－TESTをいう。以下同じ。）の4級、3級、2級又は1級に合格している者

　なお、上記に掲げる者と同等以上の能力を有すると外国の政府及び関係機関が認める者等についても、追加することがあるものであること。

② 告示第1条第1号ロに規定する「その他これと同等以上の能力を有すると認められる者」とは、次に掲げる者であること。
- 日本語能力試験のN2又はN1に合格している者
- 平成22年3月31日までに実施された日本語能力試験において、2級又は1級に合格している者
- Ｊ.TEST実用日本語検定のA-Dレベル試験において400点以上取得している者
- 日本語NAT－TESTの3級、2級又は1級に合格している者

　なお、上記に掲げる者と同等以上の能力を有すると外国の政府及び関係機関が認める者等についても、追加することがあるものであること。

○　告示第1条第1号の要件については、第1号技能実習生と第2号技能実習生について、それぞれ一定の日本語能力を求めるものです。技能実習計画の認定を受けるためには、技能実習生が以下のいずれかの試験を受験し、合格又は一定の点数を取得している必要があります。
- 日本語能力試験（試験の詳細はHP：http://www.jlpt.jp/を参照。）
- Ｊ.TEST実用日本語検定（試験の詳細はHP：http://j-test.jp/を参照。）
- 日本語NAT－TEST　（試験の詳細はHP：http://www.nat-test.com/を参照。）

○　第1号技能実習生と第2号技能実習生の技能実習計画の認定の申請を行う際には、上記の試験の成績証明書等の日本語能力を証明する書類を提出する必要があります。技能実習計画の認定については、第1号技能実習については、原則として開始予定日の4か月前まで、第2号技能実習については、原則として開始予定日の3か月前までに申請を行う必要がありますが、申請を行う際に、試験の合否結果が出ていない等の事情で日本語能力を証明する書類を提出することができない場合には、第1号技能実習については、実習開始の3か月前まで、第2号技能実習については、実習開始の2か月前までであれば、申請後に当該書類を追完することが可能です。書類を追完する場合には、申請を行う際に、申請書類補正（追加書類提出）申告書を提出する必要があります。

【確認対象の書類】
・　日本語能力認定書
　　　＊　日本語能力試験の場合
・　J.TEST実用日本語検定成績証明書
　　　＊　J.TEST実用日本語検定の場合
・　日本語NAT－TEST成績証明
　　　＊　日本語NAT－TESTの場合
・　申請書類補正（追加書類提出）申告書（介護参考様式第1号）
　　　＊　書類の追完を行う場合
【留意事項】
○　「J.TEST実用日本語検定成績証明書」、「日本語NAT－TEST成績証明」については、申請者がJ.TEST事務局、日本語NAT-TEST運営委員会から直接取り寄せていただく必要があります。お取り寄せ方法の詳細については下記URLを参照して下さい。
　・　J.TEST実用日本語検定成績証明書
　　　http://j-test.jp/immigration
　・　日本語NAT－TEST成績証明
　　　http://www.nat-test.com/contents/institution_score_report.html
○　日本語能力を証明する書類を追完する場合には、各試験の実施時期と確認書類の発行時期に留意し、期限までに追完する必要があります。各試験の実施時期と確認書類の発行時期は以下の表の通りです。（国・地域によって実施回数は異なりますので、詳しくは各試験のHPを参照下さい。）

試験の種類	試験実施時期	確認書類の発行時期
日本語能力試験	7月（第1回）、12月（第2回）	（受験地が国内の場合） 9月上旬（第1回）、 2月上旬（第2回） （受験地が海外の場合） 10月上旬（第1回）、 3月上旬（第2回）
J.TEST実用日本語検定	1月、3月、5月、7月、9月、11月	試験実施日の約1か月後
日本語 NAT ― TEST	2月、4月、6月、8月、10月、12月	試験実施日から3週間以内

　(2)　講習の基準に関するもの

【関係規定】
規則第10条
2
　七　第1号技能実習に係るものである場合にあっては、入国後講習が次のいずれにも該当するものであること。
　　イ　第1号企業単独型技能実習に係るものである場合にあっては申請者が、第1号団体監理型技能実習に係るものである場合にあっては監理団体が、自ら又は他の適切な者に委託して、座学（見学を含む。）により実施するものであること。
　　ロ　科目が次に掲げるものであること。
　　　(1)　日本語
　　　(2)　本邦での生活一般に関する知識
　　　(3)　出入国又は労働に関する法令の規定に違反していることを知ったときの対応方法その他技能実習生の法的保護に必要な情報（専門的な知識を有する者（第1号団体監理型技能実習に係るものである場合にあっては、申請者又は監理団体に所属する者を除く。）が講義を行うものに限る。）
　　　(4)　(1)から(3)までに掲げるもののほか、本邦での円滑な技能等の修

得等に資する知識
ハ　その総時間数（実施時間が8時間を超える日については、8時間として計算する。）が、技能実習生が本邦において行う第1号技能実習の予定時間全体の6分の1以上（当該技能実習生が、過去6月以内に、本邦外において、ロ(1)、(2)又は(4)に掲げる科目につき、1月以上の期間かつ160時間以上の課程を有し、座学により実施される次のいずれかの講習（以下「入国前講習」という。）を受けた場合にあっては、12分の1以上）であること。
(1)　第1号企業単独型技能実習に係るものである場合にあっては申請者が、第1号団体監理型技能実習に係るものである場合にあっては監理団体が、自ら又は他の適切な者に委託して実施するもの
(2)　外国の公的機関又は教育機関（第1号企業単独型技能実習に係るものにあっては、これらの機関又は第2条の外国の公私の機関）が行うものであって、第1号企業単独型技能実習に係るものである場合にあっては申請者、第1号団体監理型技能実習に係るものである場合にあっては監理団体において、その内容が入国後講習に相当すると認めたもの
ニ　第1号企業単独型技能実習に係るものである場合にあってはロ(3)に掲げる科目、第1号団体監理型技能実習に係るものである場合にあっては全ての科目について、修得させようとする技能等に係る業務に従事させる期間より前に行われ、かつ、当該科目に係る入国後講習の期間中は技能実習生を業務に従事させないこと。

告示第1条
二　入国後講習が次のいずれにも該当するものであること。
イ　規則第10条第2項第7号ロ(1)に掲げる科目（以下この号において「日本語科目」という。）の講義の総時間数が240時間以上であり、かつ、別表第1の中欄に掲げる教育内容について、同表の下欄に掲げる時間を標準として講義が行われること。ただし、技能実習生が入国前講習（同項第7号ハに規定する入国前講習をいう。以下この号において同じ。）において日本語科目の講義を受講した場合にあっては、入国前講習において当該技能実習生が受講した日本語科目の講義の教育内容及び時間数に応じて、入国後講習における日本語科目の講義の時間数の一部を免除することができる。
ロ　イにかかわらず、前号ロに掲げる要件を満たす技能実習生に係る場合にあっては、日本語科目の講義の総時間数が80時間以上であり、かつ、

別表第2の中欄に掲げる教育内容について、同表の下欄に掲げる時間を標準として講義が行われること。ただし、当該技能実習生が入国前講習において日本語科目の講義を受講した場合にあっては、入国前講習において当該技能実習生が受講した日本語科目の講義の教育内容及び時間数に応じて、入国後講習における日本語科目の講義の時間数の一部を免除することができる。

ハ　日本語科目の講義が、学校教育法（昭和22年法律第26号）に基づく大学（短期大学を除く。）又は大学院において日本語教育に関する課程を修めて当該大学を卒業し又は当該大学院の課程を修了した者その他これと同等以上の能力を有すると認められる者により行われること。

ニ　規則第10条第2項第7号ロ(4)に掲げる科目（以下この号において「技能等の修得等に資する知識の科目」という。）の教育内容及び時間数が別表第3に定めるもの以上であること。ただし、技能実習生が入国前講習において技能等の修得等に資する知識の科目の講義を受講した場合にあっては、入国前講習において当該技能実習生が受講した技能等の修得等に資する知識の科目の講義の教育内容及び時間数に応じて、入国後講習における技能等の修得等に資する知識の科目の講義の時間数の一部を免除することができる。

ホ　技能等の修得等に資する知識の科目の講義が、社会福祉士及び介護福祉士法（昭和62年法律第30号）第40条第2項第1号から第3号までに規定する学校又は養成施設の教員として、社会福祉士介護福祉士養成施設指定規則（昭和62年厚生省令第50号）別表第4の介護の領域に区分される教育内容に関して講義した経験を有する者その他これと同等以上の知識及び経験を有すると認められる者により行われること。

別表第1

科　　目	教育内容	時間数
日本語	総合日本語	100
	聴　解	20
	読　解	13
	文　字	27
	発　音	7

科　目	教育内容	時間数
	会　話	27
	作　文	6
	介護の日本語	40
合　計		240

別表第2

科　目	教育内容	時間数
日本語	発　音	7
	会　話	27
	作　文	6
	介護の日本語	40
合　計		80

別表第3

科　目	教育内容	時間数
技能等の修得等に資する知識	介護の基本Ⅰ・Ⅱ	6
	コミュニケーション技術	6
	移動の介護	6
	食事の介護	6
	排泄の介護	6
	衣服の着脱の介護	6
	入浴・身体の清潔の介護	6
合　計		42

解釈通知
　第一
　　一
　　2　入国後講習について（告示第1条第2号）
　　（1）　日本語科目（告示第1条第2号イからハまで）

① 告示別表第1及び別表第2の中欄に掲げる教育内容に含まれる事項は次のとおりであること。

・総合日本語：①文法（文の文法、文章の文法）、②語彙（文脈規定、言い換え類義、用法）、③待遇表現、④発音、⑤正確な聞き取り、⑥話題に即した文作成
・聴解：①発話表現、②即時応答、③課題理解、④ポイント理解、⑤概要理解
・読解：①内容理解、②情報検索
・文字：①漢字読み、②表記
・発音：①拍、②アクセント、③イントネーション
・会話：①場面に対応した表現、②文末表現
・作文：①文章構成、②表現方法
・介護の日本語：①からだの部位等の語彙、②介護の場面に応じた語彙・声かけ

② 告示第1条第2号ハに規定する「その他これと同等以上の能力を有すると認められる者」とは、次に掲げる者であること。

・ 学校教育法（昭和22年法律第26号）に基づく大学（短期大学を除く。）又は大学院において日本語教育に関する科目の単位を26単位以上修得して当該大学を卒業し又は当該大学院の課程を修了した者
・ 公益財団法人日本国際教育支援協会（昭和32年3月1日に財団法人日本国際教育協会として設立された法人をいう。）が実施する日本語教育能力検定試験に合格した者
・ 学士の学位を有する者であって、日本語教育に関する研修で適当と認められるもの（420単位時間（1単位時間は45分以上とする。）以上の課程を有するものに限る。）を修了したもの
・ 学校教育法に基づく大学（短期大学を除く。）又は大学院に相当する海外の大学又は大学院において日本語教育に関する課程を修めて当該大学を卒業し又は当該大学院の課程を修了した者
・ 学士の学位を有する者であって、技能実習計画の認定の申請の日から遡り3年以内の日において出入国管理及び難民認定法第7条第1項第2号の基準を定める省令の留学の在留資格に係る基準の規定に基づき日本語教育機関等を定める件（平成2年法務省告示第145号）別表第1、別表第2及び別表第3に掲げる日本語教育機関で日本語教員として1年以上従事した経験を有し、

かつ、現に当該日本語教育機関の日本語教員の職を離れていないもの

(2) 技能等の修得等に資する知識の科目（告示第1条第2号ニ、ホ）

① 告示別表第3の中欄に掲げる教育内容に含まれるべき事項は次のとおりであること。

・介護の基本Ⅰ・Ⅱ：①介護の基本Ⅰ（介護職の役割、介護職の職業倫理、介護における安全の確保とリスクマネジメント、介護職の安全、介護過程、介護における尊厳の保持・自立支援）、②介護の基本Ⅱ（からだのしくみの理解、介護を必要とする人の理解（老化の理解、認知症の理解、障害の理解））

・コミュニケーション技術：①コミュニケーションの意義と目的、②コミュニケーションの基本的技法、③形態別コミュニケーション

・移動の介護：①移動の意義と目的、②基本的な移動の介護（体位変換、移動（歩行、車いす移動等））、③移動介助の留意点と事故予防

・食事の介護：①食事の意義と目的、②基本的な食事の介護、③食事介助の留意点と事故予防

・排泄の介護：①排泄の意義と目的、②基本的な排泄の介護（ポータブルトイレ、便器・尿器、おむつ等）、③排泄介助の留意点と事故予防

・衣服の着脱の介護：①身じたくの意義と目的、②基本的な着脱の介護、③着脱介助の留意点と事故予防

・入浴・身体の清潔の介護：①入浴・身体の清潔の意義と目的、②基本的な入浴の介護（特殊浴槽、チェアー浴、一般浴槽等）、③入浴以外の身体清潔の方法（足浴・手浴、身体清拭）、④褥瘡の予防、⑤入浴・身体清潔の介助の留意点と事故予防

② 技能等の修得等に資する知識の科目の講義の講師について、告示第1条第2号ホに規定する「その他これと同等以上の知識及び経験を有すると認められる者」とは、次に掲げる者であること。

・ 社会福祉士及び介護福祉士法（昭和62年法律第30号）第40条第2項第4号に規定する高等学校又は中等教育学校の教員として、社会福祉士介護福祉士学校指定規則（平成20年文部科学省・厚生労働省令第2号）別表第5に定める介護福祉基礎、コミュニケーション技術、生活支援技術、介護過程又は介護総合演習に

関し教授した経験を有する者

- ・ 社会福祉士及び介護福祉士法第40条第2項第5号に規定する学校又は養成施設の教員として、社会福祉士介護福祉士養成施設指定規則（昭和62年厚生省令第50号）別表第5に定める介護の基本Ⅰ若しくはⅡ、コミュニケーション技術、生活支援技術Ⅰ若しくはⅡ又は介護過程ⅠからⅢまでのいずれかの科目を教授した経験を有する者

- ・ 介護保険法施行規則（平成11年厚生省令第36号）第22条の23第1項に規定する介護職員初任者研修課程における介護保険法施行規則第22条の23第2項に規定する厚生労働大臣が定める基準（平成24年厚生労働省告示第71号）別表に定める介護の基本、介護におけるコミュニケーション技術又はこころとからだのしくみと生活支援技術のいずれかの科目を教授した経験を有する者

- ・ 社会福祉士及び介護福祉士法附則第2条第1項各号に規定する高等学校又は中等教育学校の教員として、社会福祉士介護福祉士学校指定規則附則第2条第2号の表に定める介護福祉基礎、コミュニケーション技術、生活支援技術、介護過程又は介護総合演習のいずれかの科目を教授した経験を有する者

(3) 時間数の免除

① 告示第1条第2号イ、ロ及びニに規定する「時間数の一部を免除することができる」とは、技能実習制度本体の取扱と同様、入国前講習（規則第10条第2項第7号ハに規定する入国前講習をいう。以下同じ。）において、入国後講習で行うこととされている日本語科目又は技能等の修得等に資する知識の科目の講義に相当するものが行われ、その時間数がそれぞれの科目について告示で定められた合計時間数の2分の1以上である場合には、入国後講習において、その科目の総時間数を告示で定められた合計時間数の2分の1を上限として免除することができるものであること。

　教育内容ごとの時間数についても、入国前講習において行ったそれぞれの科目の講義における教育内容ごとの時間数を上限として、入国後講習において、告示で定める時間数の全部又は一部を免除することができるものであること。

② 入国前講習において行われた日本語科目の講義が、入国後講習で行うこととされている当該科目の講義に相当するものと認めら

れるためには、告示で定める教育内容について、次のア又はイに
掲げる者が講義を行うことが必要であること。
ア　告示第1条第2号ハに掲げる者
イ　海外の大学を卒業又は海外の大学院の課程を修了した者であ
　　って、技能実習計画の認定の申請の日から遡り3年以内の日に
　　おいて外国における日本語教育機関で日本語教員として1年以
　　上従事した経験を有し、かつ、現に日本語教員の職を離れてい
　　ないもの
③　入国前講習において行われた技能等の修得等に資する知識の科
　　目の講義が、入国後講習で行うこととされている当該科目の講義
　　に相当するものと認められるためには、告示で定める教育内容に
　　ついて、告示第1条第2号ホに掲げる者が講義を行うことが必要で
　　あること。

○　告示第1条第2号については、入国後講習を介護職種の技能実習の実施に必
　要な日本語や介護に関する基礎的な事項を学ぶ課程とするため、入国後講習
　の科目ごとの時間数や教育内容、講師について一定の要件を設けるものです。

○　日本語科目については、告示で定める教育内容ごとの時間数を標準として
　講義が行われる必要があります。教育内容ごとの時間数が以下の表の右欄に
　記載する時間数を下回る場合については、告示第1条第2号イと告示第1条第2
　号ロの要件を満たしているとは認められません。

　①　第1条第2号イの場合

科　目	教育内容	時間数
日本語	総合日本語	90
	聴　解	18
	読　解	11
	文　字	24
	発　音	6
	会　話	24
	作　文	5

	介護の日本語	36

② 第1条第2号ロの場合

科　目	教育内容	時間数
日本語	発　音	6
	会　話	24
	作　文	5
	介護の日本語	36

○　入国前講習において、入国後講習で行うこととされている日本語科目又は技能等の修得等に資する知識の科目の講義に相当するものが行われ、その総時間数がそれぞれの科目について告示で定める合計時間数の2分の1以上である場合には、入国後講習において、その科目の総時間数を告示で定める合計時間数の2分の1を上限として免除することができます。教育内容ごとの時間数についても、入国前講習において行ったそれぞれの科目の講義における教育内容ごとの時間数を上限として、入国後講習において、告示で定める時間数の全部又は一部を免除することができます。

○　入国前講習において行われた日本語科目の講義が、入国後講習で行うこととされている当該科目の講義に相当するものと認められるためには、告示第1条第2号ハに掲げる者又は外国の大学若しくは大学院を卒業し、かつ、申請の日から遡り3年以内の日において外国における日本語教育機関の日本語教員として1年以上の経験を有し、現に日本語教員の職を離れていない者が講義を行う必要があります。

○　入国前講習において行われた技能等の修得等に資する知識の科目の講義が、入国後講習で行うこととされている当該科目の講義に相当するものと認められるためには、告示で定める教育内容について、告示第1条第2号ホに掲げる者が講義を行うことが必要となります。

【確認対象の書類】
・　介護職種の入国後講習実施予定表（介護参考様式第2号）
・　介護職種の入国前講習実施（予定）表（介護参考様式第3号）

218 資　　料

　　　　＊　入国前講習を実施するとした場合
・　日本語科目の講師の誓約書（入国後講習）（介護参考様式第4-1号）
・　日本語科目の講師の誓約書（入国前講習）（介護参考様式第4-2号）
　　　　＊　日本語科目について入国前講習を実施するとした場合
・　日本語講師の履歴書（介護参考様式第5号）
・　技能等の修得等に資する知識の科目の講師の誓約書（介護参考様式第6号）
・　技能等の修得等に資する知識の科目の講師の履歴書（介護参考様式第7号）

　　第2　技能実習を行わせる体制に関するもの

【関係規定】
　（技能実習を行わせる体制及び事業所の設備）
規則第12条　法第9条第6号（法第11条第2項において準用する場合を含む。）の
　主務省令で定める基準のうち技能実習を行わせる体制に係るものは、次のと
　おりとする。
　一　　（略）
　二　　（後述）
　三～十三　　（略）
　十四　前各号に掲げるもののほか、法務大臣及び厚生労働大臣が告示で定め
　　　る特定の職種及び作業に係るものにあっては、当該特定の職種及び作業に
　　　係る事業所管大臣が、法務大臣及び厚生労働大臣と協議の上、当該職種及
　　　び作業に特有の事情に鑑みて告示で定める基準に適合すること。

告示第2条　介護職種に係る規則第12条第1項第14号に規定する告示で定める基
　準は、次のとおりとする。
　一～五　　（後述）

　　（1）　技能実習指導員に関するもの

【関係規定】
規則第12条
　二　技能実習の指導を担当する者として、申請者又はその常勤の役員若しく
　　　は職員のうち、技能実習を行わせる事業所に所属する者であって、修得等

をさせようとする技能等について5年以上の経験を有し、かつ、次のいずれにも該当しないものの中から技能実習指導員を1名以上選任していること。
イ　法第10条第1号から第7号まで又は第9号のいずれかに該当する者
ロ　過去5年以内に出入国又は労働に関する法令に関し不正又は著しく不当な行為をした者
ハ　未成年者

告示第2条
一　技能実習指導員（規則第7条第5号に規定する技能実習指導員をいう。次号において同じ。）のうち1名以上が、介護福祉士の資格を有する者その他これと同等以上の専門的知識及び技術を有すると認められる者であること。
二　技能実習生5名につき1名以上の技能実習指導員を選任していること。

解釈通知
第一
二　技能実習を行わせる体制について（告示第2条）
1　技能実習指導員について（告示第2条第1号）
告示第2条第1号に規定する「その他これと同等以上の専門的知識及び技術を有すると認められる者」とは、次に掲げる者であること。
・　修得等をさせようとする技能等について5年以上の経験を有することに加え、3年以上介護等の業務に従事し、実務者研修を修了した者であって、申請者が技能実習指導員としての適格性を認めたもの
・　看護師、准看護師の資格を有する者

○　技能実習指導員は、介護等の技能等について5年以上の経験を有する者の中から、技能実習生5名につき1名以上選任している必要があります。また、そのうち1名以上は介護福祉士や看護師等の一定の専門性を有すると認められる者である必要があります。

【確認対象の書類】
・　技能実習指導員の履歴書（参考様式第1-6号）
・　技能実習指導員の就任承諾書及び誓約書（参考様式第1-7号）
・　技能実習指導員の常勤性が確認できる書類（健康保険等の被保険者証など）

- 介護福祉士登録証の写し
  - ＊ 技能実習指導員が介護福祉士の場合
- 実務者研修修了証明書
  - ＊ 技能実習指導員が実務者研修修了者の場合
- 看護師又は准看護師の免許証の写し
  - ＊ 技能実習指導員が看護師又は准看護師の場合
- 事業所の概要書（介護参考様式第8号）

【留意事項】

○ 技能実習計画認定申請書第2面の「2技能実習を行わせる事業所④技能実習指導員の氏名及び役職名」には、告示第2条第1号に掲げる者に該当する者を記載して下さい。

○ 技能実習指導員が介護福祉士、実務者研修修了者、看護師又は准看護師のいずれかに該当する場合は、技能実習指導員の履歴書（参考様式第1-6号）の「⑩資格・免許」欄に「介護福祉士」、「実務者研修修了」、「看護師」、「准看護師」のいずれかを記載して下さい。

○ 技能実習指導員の履歴書（参考様式第1-6号）と技能実習指導員の就任承諾書及び誓約書（参考様式第1-7号）については、事業所の概要書（介護参考様式第8号）の「⑥技能実習指導員の数」に記載した人数分添付して下さい。その際、それぞれの技能実習指導員について、技能実習指導員の常勤性が確認できる書類を併せて添付して下さい。

　（2）　技能実習を行わせる事業所に関するもの

【関係規定】

告示第2条

　三　技能実習を行わせる事業所が次のいずれにも該当するものであること。

　　イ　介護等の業務（利用者の居宅においてサービスを提供する業務を除く。）を行うものであること。

　　ロ　開設後3年以上経過しているものであること。

　四　技能実習生を、利用者の居宅においてサービスを提供する業務に従事させないこと。

解釈通知

　第一

二

　　2　技能実習を行わせる事業所について（告示第2条第3号イ）

　　　告示第2条第3号イ及び第5条第1号イに規定する「介護等の業務」とは、社会福祉士及び介護福祉士法第40条第2項第5号に規定する「介護等の業務」であって、介護福祉士試験の受験資格の認定において「介護等の業務」に従事したと認められるものであること。具体的には（別紙1）のとおりであること。

○　介護職種の技能実習を行わせる事業所は、介護福祉士国家試験の受験資格の認定において実務経験として認められる介護等の業務に従事させることができる事業所でなければなりません。また、訪問介護などの訪問系サービスについては、適切な指導体制を取ることが困難であることや利用者、技能実習生双方の人権擁護、適切な在留管理の担保が困難であることから、介護職種の技能実習の対象とはなりません。

○　介護職種の技能実習の対象となる施設・事業の類型については、施設種別コード表（別紙）を参照下さい。

○　また、経営が一定程度安定している事業所において技能実習が行われることを担保するため、技能実習を行わせる事業所は、開設後3年を経過していることが必要です。

【確認対象の書類】
・　事業所の概要書（介護参考様式第8号）
・　指定通知書等の写し
【留意事項】
○　事業所の概要書には、施設種別コード表（別紙）に記載の施設・事業のいずれに該当するかを記載していただき、記載した施設又は記載した事業を行う事業所であることを証明する書類として、自治体が発行する指定通知書等の写しを添付していただく必要があります。

　　（3）　夜勤業務等に関するもの

【関係規定】
告示第2条

五　技能実習生に夜勤業務その他少人数の状況の下での業務又は緊急時の対応が求められる業務を行わせる場合にあっては、利用者の安全の確保等のために必要な措置を講ずることとしていること。

解釈通知
　第一
　　二
　　　3　夜勤業務等について（告示第2条第5号）
　　　　　夜勤は、昼間と異なり少人数での勤務となるため利用者の安全性に対する配慮が特に必要となるとともに、技能実習生の心身両面への負担が大きいことから、技能実習生を夜勤業務等に配置する際には、利用者の安全を確保し、技能実習生を保護するための措置を講ずることが必要であること。

○　技能実習生への技能・技術の移転を図るという技能実習制度の趣旨に照らし、技能実習生が業務を行う際には、昼夜を問わず、技能実習生以外の介護職員を指導に必要な範囲で同時に配置することが求められます。

【確認対象の書類】
・　申請者の誓約書（介護参考様式第9号）

第3　介護職種の優良な実習実施者に関するもの

【関係規定】
　（第3号技能実習に係る基準）
規則第15条　法第9条第10号（法第11条第2項において準用する場合を含む。）の主務省令で定める基準は、次に掲げる事項を総合的に評価して、技能等の修得等をさせる能力につき高い水準を満たすと認められるものであることとする。
　一　技能等の修得等に係る実績
　二　技能実習を行わせる体制
　三　技能実習生の待遇
　四　出入国又は労働に関する法令への違反、技能実習生の行方不明者の発生

その他の問題の発生状況

五　技能実習生からの相談に応じることその他の技能実習生に対する保護及び支援の体制及び実施状況

六　技能実習生と地域社会との共生に向けた取組の状況

○　介護職種の優良な実習実施者の基準については、他職種と同様、規則第15条第1号から第6号に掲げる事項を総合的に評価して、技能等の修得等をさせる能力につき高い水準を満たすと認められるものであることとされています。

○　その運用に当たっては、下記の表で6割以上の点数（125点満点で75点以上）を獲得した場合に、「優良」であると判断することとされています。下記の表については、他職種における優良な実習実施者に関する基準の表（120点満点）の「②技能実習を行わせる体制」の評価項目に、「過去3年以内の介護職種の技能実習指導員講習の受講歴」を追加したものになります。

○　この「介護職種の技能実習指導員講習」とは、介護職種の技能実習に関して、適切な実習体制を確保することを目的として厚生労働省が行う予算事業である「介護職種の技能実習生の日本語学習等支援事業」を受託した事業者が、当該事業の一環として実施する講習をいいます。介護職種の技能実習指導員講習の開催予定等については、厚生労働省HPに掲載しています。介護職種の技能実習指導員が、過去3年以内に当該講習を受講した場合に、加点されることとなります。

○　ただし、下記②のⅠ、Ⅱ及びⅢ（斜体字部分）については、平成30年11月1日以降において評価項目としてカウントするものとします。そのため、当面はこれを除く項目で6割以上の点数（110点満点で66点以上）を獲得した場合に、「優良」であると判断することとなります。

項　目		配　点
①技能等の修得等に係る実績	【最大70点】	
	Ⅰ　過去3年間の初級程度の介護技能実習評価試験等（他職種の技能実習評価試験も含む。）の学科試験及び実技試験の合格率（旧制度の基礎2級程度の合格率を含む。）	・95％以上：20点 ・80％以上95％未満：10点 ・75％以上80％未満：0点

	・75％未満：－20点
Ⅱ　過去3年間の専門級・上級程度の介護技能実習評価試験の実技試験等（他職種の技能実習評価試験も含む。）の合格率 ＜計算方法＞ 分母：技能実習生の2号・3号修了者数 　　　－うちやむを得ない不受検者数 　　　＋旧制度の技能実習生の受検者数 分子：（専門級合格者数＋上級合格者数×1.5）×1.2 　＊　旧制度の技能実習生の受検実績について、施行日以後の受検実績は必ず算入。施行日前については、施行前の基準日以前の受検実績は算入しないこととすることも可。 　＊　施行後3年間については、Ⅱに代えて、Ⅱ－2(1)及び(2)で評価することも可能とする。	・80％以上：40点 ・70％以上80％未満：30点 ・60％以上70％未満：20点 ・50％以上60％未満：0点 ・50％未満：－40点
Ⅱ－2(1)　直近過去3年間の専門級程度の介護技能実習評価等（他職種の技能実習評価試験も含む。）の実技試験の合格実績	・合格者3人以上：35点 ・合格者2人：25点 ・合格者1人：15点 ・合格者なし：－35点
Ⅱ－2(2)　直近過去3年間の上級程度の介護技能実習評価試験等（他職種の技能実習評価試験も含む。）の実技試験の合格実績	・合格者2人以上：5点 ・合格者1人：3点
Ⅲ　直近過去3年間の専門級・上級程度の介護技能実習評価試験等（他職種の技能実習評価試験も含む。）の学科試	・合格者2人以上：5点 ・合格者1人：3点

	験の合格実績 ＊ 専門級、上級で分けず、合格人数 　の合計で評価	
	Ⅳ 技能検定等の実施への協力 ＊ 介護技能実習評価試験の試験評価 　者を社員等の中から輩出している場 　合等を想定	・有：5点
②技能実習 を行わせる 体制	【最大15点】 ＊ 平成30年10月31日までは配点なし	
	Ⅰ 過去3年以内の技能実習指導員の講 習受講歴	・全員有：5点
	Ⅱ 過去3年以内の生活指導員の講習受 講歴	・全員有：5点
	Ⅲ 過去3年以内の介護職種の技能実習 指導員講習の受講歴	・全員有：5点
③技能実習 生の待遇	【最大10点】	
	Ⅰ 第1号技能実習生の賃金（基本給）の うち最低のものと最低賃金の比較	・115％以上：5点 ・105％以上115％未 　満：3点
	Ⅱ 技能実習生の賃金に係る技能実習の 各段階ごとの昇給率	・5％以上：5点 ・3％以上5％未満：3点
④法令違 反・問題の 発生状況	【最大5点】	
	Ⅰ 直近過去3年以内に改善命令を受け たことがあること	・改善未実施：－50点 ・改善実施：－30点
	Ⅱ 直近過去3年以内における失踪がゼ ロ又は失踪の割合が低いこと	・ゼロ：5点 ・10％未満又は1人以 　下：0点 ・20％未満又は2人以 　下：－5点 ・20％以上又は3人以

		上：−10点
	Ⅲ　直近過去3年以内に責めによるべき失踪があること	・該当：−50点
⑤相談・支援体制	【最大15点】	
	Ⅰ　母国語相談・支援の実施方法・手順を定めたマニュアル等を策定し、関係職員に周知していること	・有：5点
	Ⅱ　受け入れた技能実習生について、全ての母国語で相談できる相談員を確保していること	・有：5点
	Ⅲ　直近過去3年以内に、技能実習の継続が困難となった技能実習生に引き続き技能実習を行う機会を与えるために当該技能実習生の受入れを行ったこと	・有：5点
⑥地域社会との共生	【最大10点】	
	Ⅰ　受け入れた技能実習生に対し、日本語の学習の支援を行っていること	・有：4点
	Ⅱ　地域社会との交流を行う機会をアレンジしていること	・有：3点
	Ⅲ　日本の文化を学ぶ機会をアレンジしていること	・有：3点

【確認対象の書類】
・　介護職種の優良要件適合申告書（介護参考様式第12号）
・　優良要件適合申告書・別紙1（参考様式第1-24号別紙1）
　　＊　技能実習指導員又は生活指導員に講習受講者があり、加点要素として申告する場合
・　介護職種の優良要件適合申告書・別紙（介護参考様式第12号別紙）
　　＊　介護職種の技能実習指導員に講習受講者があり、加点要素として申告する場合

資　　料　　227

- ・　講習受講者全員の受講証明書の写し
  - ＊　技能実習指導員又は生活指導員に講習受講者があり、加点要素として申告する場合
- ・　優良要件適合申告書・別紙2（参考様式第1-24号別紙2）
- ・　優良要件適合申告書・別紙3（参考様式第1-24号別紙3）
  - ＊　やむをえない不受験者がある場合

第4　技能実習生の人数枠に関するもの

【関係規定】
（技能実習生の数）
規則第16条　法第9条第11号（法第11条第2項において準用する場合を含む。）の主務省令で定める数は、次の各号に掲げる技能実習の区分に応じ、当該各号に定めるとおりとする。
　一　企業単独型技能実習（次号に規定するものを除く。）　第1号技能実習生について申請者の常勤の職員（外国にある事業所に所属する常勤の職員及び技能実習生を除く。以下この条において同じ。）の総数に20分の1を乗じて得た数、第2号技能実習生について申請者の常勤の職員の総数に10分の1を乗じて得た数
　二　企業単独型技能実習（この号で定める数の企業単独型技能実習生を受け入れた場合においても継続的かつ安定的に企業単独型技能実習を行わせることができる体制を有するものと法務大臣及び厚生労働大臣が認めたものに限る。）又は団体監理型技能実習　第1号技能実習生について次の表の上欄に掲げる申請者の常勤の職員の総数の区分に応じ同表の下欄に定める数（その数が申請者の常勤の職員の総数を超えるときは、当該常勤の職員の総数）、第2号技能実習生について同表の下欄に定める数に2を乗じて得た数（その数が申請者の常勤の職員の総数に2を乗じて得た数を超えるときは、当該常勤の職員の総数に2を乗じて得た数）

申請者の常勤の職員の総数	技能実習生の数
301人以上	申請者の常勤の職員の総数の20分の1
201人以上300人以下	15人
101人以上200人以下	10人

51人以上100人以下	6人
41人以上50人以下	5人
31人以上40人以下	4人
30人以下	3人

2　前項の規定にかかわらず、企業単独型技能実習にあっては申請者が前条の基準に適合する者である場合、団体監理型技能実習にあっては申請者が同条の基準に適合する者であり、かつ、監理団体が一般監理事業に係る監理許可（法第2条第10項に規定する監理許可をいう。以下同じ。）を受けた者である場合には、法第9条第11号（法第11条第2項において準用する場合を含む。）の主務省令で定める数は、次の各号に掲げる技能実習の区分に応じ、当該各号に定めるとおりとする。

一　前項第1号に規定する企業単独型技能実習　第1号技能実習生について申請者の常勤の職員の総数に10分の1を乗じて得た数、第2号技能実習生について申請者の常勤の職員の総数に5分の1を乗じて得た数、第3号技能実習生について申請者の常勤の職員の総数に10分の3を乗じて得た数

二　前項第2号に掲げる技能実習　同号の表の上欄に掲げる申請者の常勤の職員の総数の区分に応じ、第1号技能実習生について同表の下欄に定める数に2を乗じて得た数（その数が申請者の常勤の職員の総数を超えるときは、当該常勤の職員の総数）、第2号技能実習生について同表の下欄に定める数に4を乗じて得た数（その数が申請者の常勤の職員の総数に2を乗じて得た数を超えるときは、当該常勤の職員の総数に2を乗じて得た数）、第3号技能実習生について同表の下欄に定める数に6を乗じて得た数（その数が申請者の常勤の職員の総数に3を乗じて得た数を超えるときは、当該常勤の職員の総数に3を乗じて得た数）

3　前2項の規定にかかわらず、法務大臣及び厚生労働大臣が告示で定める特定の職種及び作業に係る技能実習である場合には、法第9条第11号（法第11条第2項において準用する場合を含む。）の主務省令で定める数は、当該特定の職種及び作業に係る事業所管大臣が、法務大臣及び厚生労働大臣と協議の上、当該職種及び作業に特有の事情に鑑みて告示で定める数とする。

4　（略）

告示第3条　介護職種に係る規則第16条第3項に規定する告示で定める数は、次の各号に掲げる技能実習の区分に応じ、当該各号に定めるとおりとする。た

だし、技能実習を行わせる事業所（以下この条において単に「事業所」とい
う。）の技能実習生の総数が、当該事業所の介護等を主たる業務として行う常
勤の職員（以下この条において「常勤介護職員」という。）の総数を超えない
ものとする。

一　企業単独型技能実習（次号に規定するものを除く。）　第1号技能実習生
　について事業所の常勤介護職員の総数に20分の1を乗じて得た数、第2号技
　能実習生について事業所の常勤介護職員の総数に10分の1を乗じて得た数
二　企業単独型技能実習（規則第16条第1項第2号に規定する企業単独型技能
　実習に限る。）又は団体監理型技能実習　第1号技能実習生について次の表
　の上欄に掲げる事業所の常勤介護職員の総数の区分に応じ同表の下欄に定
　める数、第2号技能実習生について同表の下欄に定める数に2を乗じて得た
　数

事業所の常勤介護職員の総数	技能実習生の数
301人以上	事業所の常勤介護職員の総数の20分の1
201人以上300人以下	15人
101人以上200人以下	10人
51人以上100以下	6人
41人以上50人以下	5人
31人以上40人以下	4人
21人以上30人以下	3人
11人以上20人以下	2人
10人以下	1人

2　前項の規定にかかわらず、企業単独型技能実習にあっては申請者が規則第
　15条の基準に適合する者である場合、団体監理型技能実習にあっては申請者
　が同条の基準に適合する者であり、かつ、監理団体が第5条第2号の基準に適
　合する者である場合には、介護職種に係る規則第16条第3項に規定する告示
　で定める数は、次の各号に掲げる技能実習の区分に応じ、当該各号に定める
　とおりとする。ただし、事業所の技能実習生の総数が、当該事業所の常勤介
　護職員の総数を超えないものとする。

一　前項第1号に規定する企業単独型技能実習　第1号技能実習生について事

業所の常勤介護職員の総数に10分の1を乗じて得た数、第2号技能実習生について事業所の常勤介護職員の総数に5分の1を乗じて得た数、第3号技能実習生について事業所の常勤介護職員の総数に10分の3を乗じて得た数
  二　前項第2号に掲げる技能実習　同号の表の上欄に掲げる事業所の常勤介護職員の総数の区分に応じ、第1号技能実習生について同表の下欄に定める数に2を乗じて得た数、第2号技能実習生について同表の下欄に定める数に4を乗じて得た数、第3号技能実習生について同表の下欄に定める数に6を乗じて得た数

○　介護職種の人数枠は、事業所単位で、介護等を主たる業務として行う常勤職員（常勤介護職員）の総数に応じて設定されています。また、技能実習生の総数が事業所の常勤介護職員の総数を超えることができません。

○　企業単独型技能実習の場合は実習実施者が、団体監理型技能実習の場合は実習実施者と監理団体が、優良である場合には、告示第3条第2項の規定の適用を受けることができ、第3号技能実習生の受入れが認められるとともに、通常の場合と比べて人数枠が拡大されます。介護職種の優良な実習実施者の基準は他職種と一部異なることに留意して下さい。（詳細はp17〔本書223ページ〕に記載。）また、介護職種の優良な監理団体については、介護職種の実績等も基に判断されることに留意して下さい。（介護職種の優良な監理団体の基準については、告示第5条第2項に規定。詳細はp27〔本書236ページ〕に記載）

【確認対象の書類】
・　事業所の概要書（介護参考様式第8号）
・　理由書（参考様式第1-26号）及び規則第16条第1項第2号の基準への適合性を立証する関係書類
　　　＊　規則第16条第1項第2号の適用を受けようとする場合
・　優良要件適合申告書（実習実施者）（参考様式第1-24号）
　　　＊　規則第16条第2項の適用を受けようとする場合
・　技能実習生の名簿（参考様式第1-25号）
【留意事項】
○　常勤介護職員の総数については、常勤換算方法により算出するものではなく、他職種と同様、実習実施者に継続的に雇用されている職員（いわゆる正社員をいいますが、正社員と同様の就業時間で継続的に勤務している日給月給者を含む。）であって、介護等を主たる業務とする者の数を事業所ごとに算

資　　料　　　　231

出することになります。
○　技能実習生の名簿（参考様式第1-25号）には、技能実習を行わせている事業所において現に受け入れている技能実習生を記載して下さい。
○　規則第16条で定めている法人単位での人数枠は、介護職種には適用されません。

第5　監理団体の法人形態に関するもの

【関係規定】
　（本邦の営利を目的としない法人）
規則第29条　法第25条第1項第1号（法第32条第2項において準用する場合を含む。次項において同じ。）の主務省令で定める法人は、次のとおりとする。
　一　商工会議所（その実習監理を受ける団体監理型実習実施者が当該商工会議所の会員である場合に限る。）
　二　商工会（その実習監理を受ける団体監理型実習実施者が当該商工会の会員である場合に限る。）
　三　中小企業団体（中小企業団体の組織に関する法律（昭和32年法律第185号）第3条第1項に規定する中小企業団体をいう。）（その実習監理を受ける団体監理型実習実施者が当該中小企業団体の組合員又は会員である場合に限る。）
　四　職業訓練法人
　五・六　（略）
　七　公益社団法人
　八　公益財団法人
　九　（略）
2　前項の規定にかかわらず、法務大臣及び厚生労働大臣が告示で定める特定の職種及び作業に係る団体監理型技能実習を実習監理する場合における法第25条第1項第1号の主務省令で定める法人は、当該特定の職種及び作業に係る事業所管大臣が、法務大臣及び厚生労働大臣と協議の上、当該職種及び作業に特有の事情に鑑みて告示で定める法人とする。

告示第4条　介護職種に係る規則第29条第2項に規定する告示で定める法人は、次の各号のいずれかに該当する法人とする。
　一　規則第29条第1項第1号から第4号、第7号又は第8号に規定する法人であ

ること。

二　当該法人の目的に介護、医療又は社会福祉の発展に寄与することが含まれる全国的な団体（その支部を含む。）であって、介護又は医療に従事する事業者により構成されるものであること。

○　告示第4条においては、介護職種の監理団体として認められる法人類型が列挙されています。具体的には以下のとおりです。

①　商工会議所、商工会、中小企業団体、職業訓練法人、公益社団法人又は公益財団法人

　※　本体制度上、商工会議所、商工会、中小企業団体の場合は、その実習監理を受ける介護職種の実習実施者が組合員又は会員である場合に限ります。

②　当該法人の目的に介護、医療又は社会福祉の発展に寄与することが含まれる全国的な団体（その支部を含む。）であって、介護又は医療に従事する事業者により構成されるもの

○　②に該当する団体として介護職種の監理団体の許可を受けるためには、（ⅰ）当該法人の目的に介護、医療又は社会福祉の発展に寄与することが含まれること、（ⅱ）介護又は医療に従事する事業者から構成される全国的な団体（又はその支部）であること、を満たすことを立証していただく必要があります。②に該当する団体として申請する場合には、事前に機構の本部事務所の審査課にご相談下さい。

【確認対象の書類】
・　監理団体許可申請書（省令様式第11号）
・　監理事業計画書（省令様式第12号）
・　登記事項証明書
・　定款又は寄附行為の写し
・　監理団体の業務の運営に係る規程の写し
・　支部であることを本部の全国的な団体が証する書類（公印、署名が必要）
　　＊　告示第4条第2号に該当する全国的な団体の支部として監理団体になろうとする場合
【留意事項】
○　告示第4条第2号に該当する全国的な団体の支部として監理団体になろうと

資　　料　　　233

する場合については、支部自体が社会福祉法人、一般社団法人又は一般財団法人等の営利を目的としない法人の法人格を有していることが必要となります。

第6　監理団体の業務の実施に関するもの

【関係規定】
（監理団体の業務の実施に関する基準）
規則第52条　法第39条第3項の主務省令で定める基準は、次のとおりとする。
　一～七　　（略）
　八　　（後述）
　九～十五　　（略）
　十六　前各号に掲げるもののほか、法務大臣及び厚生労働大臣が告示で定める特定の職種及び作業に係る団体監理型技能実習の実習監理を行うものにあっては、当該特定の職種及び作業に係る事業所管大臣が、法務大臣及び厚生労働大臣と協議の上、当該職種及び作業に特有の事情に鑑みて告示で定める基準に適合すること。

告示第5条　介護職種に係る規則第52条第16号に規定する告示で定める基準は、次のとおりとする。
　一・二　　（後述）

（1）　技能実習計画の作成指導に関するもの

【関係規定】
規則第52条
　八　法第8条第4項（法第11条第2項において準用する場合を含む。）に規定する指導に当たっては、団体監理型技能実習を行わせる事業所及び団体監理型技能実習生の宿泊施設（法第11条第2項において準用する場合にあっては、これらのうち変更しようとする事項に係るものに限る。）を実地に確認するほか、次に掲げる観点から指導を行うこと。この場合において、ロに掲げる観点からの指導については、修得等をさせようとする技能等について一定の経験又は知識を有する役員又は職員にこれを担当させること。

イ　技能実習計画を法第9条各号に掲げる基準及び出入国又は労働に関する法令に適合するものとする観点
ロ　適切かつ効果的に技能等の修得等をさせる観点
ハ　技能実習を行わせる環境を適切に整備する観点

告示第5条
一　規則第52条第8号に規定する修得等をさせようとする技能等について一定の経験又は知識を有する役員又は職員が次のいずれかに該当する者であること。
イ　5年以上介護等の業務に従事した経験を有する者であって、介護福祉士の資格を有するものであること。
ロ　イに掲げる者と同等以上の専門的知識及び技術を有すると認められる者であること。

解釈通知
第二　監理団体の業務の実施に関する基準（告示第5条）
　　　告示第5条第1号ロに規定する「イに掲げる者と同等以上の専門的知識及び技術を有すると認められる者」とは、次に掲げる者であること。
・　看護師、准看護師の資格を有する者であって、5年以上の実務経験を有するもの
・　介護等の業務を行う施設又は事業所の施設長又は管理者として3年以上勤務した経験を有する者
・　介護支援専門員であって、5年以上介護等の業務に従事した経験を有する者
　　　告示第5条第1号に定める要件を満たす技能実習計画作成指導者については、常勤・非常勤であるかは問わないものであること。

○　介護職種の技能実習計画については、技能移転の対象項目ごとに詳細な計画を作成することが求められます。具体的には、技能移転の対象業務の記載だけではなく、(1)個々の業務において必要となる着眼点や具体的な技術等の内容を記載するとともに、(2)介護業務に関連して日本語の学習を進められるよう、必須業務、関連業務、周辺業務ごとに、業務に関連する日本語学習について記載することが求められます。（介護職種の技能実習計画のモデル例については、厚労省のHPにて掲載していますので参照下さい。）
（http://www.mhlw.go.jp/file/06-Seisakujouhou-12000000-Shakaiengok

yoku-Shakai/0000180396.pdf)

○このため、適切かつ効果的に技能等の修得等をさせる観点からの技能実習計画の作成の指導については、介護福祉士や看護師等の一定の専門性を有すると認められるものが行うことが必要となります。

【確認対象の書類】
・　技能実習計画作成指導者の履歴書（介護参考様式第10号）
・　介護福祉士登録証の写し
　　　＊　技能実習計画作成指導者が介護福祉士の場合
・　看護師又は准看護師の免許証の写し
　　　＊　技能実習計画作成指導者が看護師又は准看護師の場合
・　介護支援専門員証の写し
　　　＊　技能実習計画作成指導者が介護支援専門員の場合
【留意事項】
○　技能実習計画作成指導者が介護福祉士、看護師、准看護師又は介護支援専門員のいずれかに該当する場合は、技能実習計画作成指導者の履歴書（介護参考様式第10号）の「⑨資格・免許」欄に「介護福祉士」、「看護師」、「准看護師」、「介護支援専門員」のいずれかを記載して下さい。

　　(2)　介護職種の優良な監理団体に関するもの

【関係規定】
　（一般監理事業の許可に係る基準）
規則第31条　法第25条第1項第7号（法第32条第2項において準用する場合を含む。）の主務省令で定める基準は、次に掲げる事項を総合的に評価して、団体監理型技能実習の実施状況の監査その他の業務を遂行する能力につき高い水準を満たすと認められるものであることとする。
　一　団体監理型技能実習の実施状況の監査その他の業務を行う体制及び実施状況
　二　実習監理する団体監理型技能実習における技能等の修得等に係る実績
　三　出入国又は労働に関する法令への違反、団体監理型技能実習生の行方不明者の発生その他の問題の発生状況
　四　団体監理型技能実習生からの相談に応じることその他の団体監理型技能

実習生に対する保護及び支援の体制及び実施状況
　五　団体監理型技能実習生と地域社会との共生に向けた取組の状況

告示第5条
　二　第3号技能実習の実習監理を行うものにあっては、規則第31条第1号及び
　　第2号に掲げる事項について、介護職種に係る実績等を総合的に評価して、
　　団体監理型技能実習の実施状況の監査その他の業務を遂行する能力につき
　　高い水準を満たすと認められるものであること。

○　介護職種における第3号の技能実習の実習監理と受入人数枠の拡大の可否に
　ついては、介護職種の実績等を基に判断することとされています。

○　その運用に当たっては、下記の表で6割以上の点数（80点満点で48点以上）を
　獲得した場合に、介護職種における監理団体として「優良」であると判断し、
　介護職種における第3号の技能実習の実習監理と拡大人数枠の適用を認めるこ
　ととされています。

	項　目	配　点
①介護職種における団体監理型技能実習の実施状況の監査その他の業務を行う体制	【最大40点】	
	Ⅰ　介護職種の実習実施者に対して監理団体が行う定期の監査について、その実施方法・手順を定めたマニュアル等を策定し、監査を担当する職員に周知していること。	・有：5点
	Ⅱ　介護職種の監理事業に関与する常勤の役職員と実習監理を行う介護職種の実習実施者の比率	・1：5未満：15点 ・1：10未満：7点
	Ⅲ　介護職種の実習実施者の技能実習責任者、技能実習指導員、生活指導員等に対し、毎年、研修の実施、マニュアルの配布などの支援を行っていること	・有：5点
	Ⅳ　帰国後の介護職種の技能実習生のフォローアップ調査に協力すること。	・有：5点

	V 介護職種の技能実習生のあっせんに関し、監理団体の役職員が送出国での事前面接をしていること。	・有：5点
	VI 帰国後の介護職種の技能実習生に関し、送出機関と連携して、就職先の把握を行っていること。	・有：5点
②介護職種における技能等の修得等に係る実績	【最大40点】	
	I 過去3年間の初級の介護技能実習評価試験の学科試験及び実技試験の合格率	・95％以上：10点 ・80％以上95％未満：5点 ・75％以上80％未満：0点 ・75％未満：－10点
	II 過去3年間の専門級、上級の介護技能実習評価試験の実技試験の合格率 ＜計算方法＞ 分母：技能実習生の2号・3号修了者数 　　　－うちやむを得ない不受検者数 分子：（専門級合格者数＋上級合格者数×1.5）×1.2	・80％以上：20点 ・70％以上80％未満：15点 ・60％以上70％未満：10点 ・50％以上60％未満：0点 ・50％未満：－20点
	III 直近過去3年間の専門級、上級の介護技能実習評価試験の学科試験の合格実績 ＊ 専門級、上級で分けず、合格人数の合計で評価	・2以上の実習実施者から合格者を輩出：5点 ・1の実習実施者から合格者を輩出：3点
	IV 技能検定等の実施への協力 ＊ 傘下の実習実施者が、介護技能実習評価試験の試験評価者を社員等の中から輩出している場合を想定	・1以上の実習実施者から協力有：5点

○ 既に他職種における実績等に基づいて一般監理事業の許可を受けている監理団体が、介護職種における第3号技能実習の実習監理を行おうとする場合については、監理団体に付された許可の条件（「介護職種における第3号技能実習の

実習監理は認めない」といった旨の条件）を変更する必要があります。許可の
条件の変更を行う場合にあっては、機構の本部事務所の審査課にお申し出下さ
い。

○　一般監理事業の許可を受けていない監理団体が、介護職種における第3号技
能実習の実習監理を行う場合については、特定監理事業から一般監理事業への
事業区分の変更を申請し、介護職種における第3号技能実習の実習監理も含め
た一般監理事業の許可を受けなければなりません。介護職種における第3号技
能実習の実習監理も含めた一般監理事業の許可を受けるためには、規則第31条
に規定する全職種共通の優良な監理団体の基準を満たすとともに、告示第5条
第2号に規定する介護職種における優良な監理団体の基準を満たすことが必要
となります。このため、事業区分の変更の申請を行う際には、全職種共通の優
良要件適合申告書（参考様式第2-14号）に加えて、介護職種の優良要件適合申
告書（介護参考様式第11号）を機構の本部事務所に提出することが必要となり
ます。

【確認対象の書類】
・　優良要件適合申告書（参考様式第2－14号）
・　介護職種の優良要件適合申告書（介護参考様式第11号）
・　優良要件適合申告書・別紙2（参考様式第2-14号別紙2）
・　優良要件適合申告書・別紙3（参考様式第2-14号別紙3）
【留意事項】
○　優良要件適合申告書・別紙2（参考様式第2-14号別紙2）には介護職種の技
能実習生のみを記載して下さい。

介護参考様式　〔省略〕

Q & A
介護職種の技能実習生受入れの手引

平成30年6月6日　初版発行

編　集	公益社団法人 日本介護福祉士会
	技能実習生の適正受入等推進研究会
発行者	新 日 本 法 規 出 版 株 式 会 社
	代表者　服　　部　　昭　　三

発 行 所	新 日 本 法 規 出 版 株 式 会 社
本　　社	（460-8455）　名古屋市中区栄１－23－20
総轄本部	電話　代表　052（211）1525
東京本社	（162-8407）　東京都新宿区市谷砂土原町２－６
	電話　代表　03（3269）2220
支　　社	札幌・仙台・東京・関東・名古屋・大阪・広島
	高松・福岡
ホームページ	http://www.sn-hoki.co.jp/

※本書の無断転載・複製は、著作権法上の例外を除き禁じられています。
※落丁・乱丁本はお取替えします。　　　ISBN978-4-7882-8432-6
5100018　介護受入手引
　　　　　　　　　Ⓒ公益社団法人 日本介護福祉士会 2018 Printed in Japan